基于管理视角的企业文化建设

王海刚 著

北京工业大学出版社

图书在版编目（CIP）数据

基于管理视角的企业文化建设 / 王海刚著． — 北京：北京工业大学出版社，2021.4
 ISBN 978-7-5639-7923-3

Ⅰ．①基⋯ Ⅱ．①王⋯ Ⅲ．①企业文化－研究 Ⅳ．① F272-05

中国版本图书馆 CIP 数据核字（2021）第 081814 号

基于管理视角的企业文化建设
JIYU GUANLI SHIJIAO DE QIYE WENHUA JIANSHE

著　　者：	王海刚
责任编辑：	郭志霄
封面设计：	知更壹点
出版发行：	北京工业大学出版社
	（北京市朝阳区平乐园 100 号　邮编：100124）
	010-67391722（传真）　　bgdcbs@sina.com
经销单位：	全国各地新华书店
承印单位：	唐山市铭诚印刷有限公司
开　　本：	710 毫米 ×1000 毫米　1/16
印　　张：	8.5
字　　数：	170 千字
版　　次：	2023 年 4 月第 1 版
印　　次：	2023 年 4 月第 1 次印刷
标准书号：	ISBN 978-7-5639-7923-3
定　　价：	58.00 元

版权所有　　翻印必究

（如发现印装质量问题，请寄本社发行部调换 010-67391106）

作者简介

王海刚，男，1963年1月出生，河北省井陉县人，山西大学汉语言文学专业毕业，1988年12月入党，1983年11月参加工作。历任编辑、记者、编辑部主任，办公室主任，秘书长，纪委书记，副总编。现为石家庄日报社党委副书记、总编辑、副社长。

在石家庄日报社工作近40年里，曾先后从事和分管办公室、人事、纪检、财务、编辑部、新媒体等工作，从一名普通记者逐渐成长为具有从事思想政治工作、综合协调工作、报业改革和采编管理能力的复合型报业领军人物。

前 言

现代企业之间的竞争越来越突出表现为文化的竞争。我们应该深刻领会企业文化的基本内涵，正确认识企业文化建设对企业发展的重要作用，塑造和培育先进的企业文化，为企业可持续、高质量的发展提供支撑与保障。本书分为绪论、企业文化管理的内涵与作用、企业文化的基本结构、企业文化建设的程序和方法、不同国家的企业文化模式与管理特点、企业文化建设与企业思想政治教育工作的融合六个部分，第一部分内容主要包括文化与企业文化、企业文化形成与发展的原因、企业文化的特征与功能、企业文化的影响因素。第二部分内容主要包括文化与管理、企业文化管理的概念及地位、企业文化管理的作用、企业文化管理应遵循的原则。第三部分内容主要包括企业精神文化、企业物质文化、企业制度文化、企业行为文化。第四部分内容主要包括企业文化建设的主体、企业文化建设的目标与原则、企业文化建设的规律、企业文化建设的程序、企业文化建设的方法。第五部分内容主要包括美国的企业文化模式与管理特点、日本的企业文化模式与管理特点、欧洲国家的企业文化模式与管理特点、中国的企业文化模式与管理特点。第六部分内容主要包括企业文化建设与企业思想政治教育工作融合的现状、企业文化建设与企业思想政治教育工作融合的策略。本书通过对企业文化建设的分析和探索，提出了新颖有效的建议，旨在为企业文化建设的研究工作和企业的发展提供借鉴和帮助。

笔者因为自身知识和理论水平有所不足，所以在写作本书的过程中借鉴引用了一些专家学者的著作，在此对他们表示衷心的感谢，并请广大读者和学者对本书进行批评指正。

目 录

第一章 绪 论 ······1
- 第一节 文化与企业文化 ······1
- 第二节 企业文化形成与发展的原因 ······8
- 第三节 企业文化的特征与功能 ······10
- 第四节 企业文化的影响因素 ······15

第二章 企业文化管理的内涵与作用 ······19
- 第一节 文化与管理 ······19
- 第二节 企业文化管理的概念及地位 ······22
- 第三节 企业文化管理的作用 ······25
- 第四节 企业文化管理应遵循的原则 ······26

第三章 企业文化的基本结构 ······30
- 第一节 企业精神文化 ······30
- 第二节 企业物质文化 ······38
- 第三节 企业制度文化 ······41
- 第四节 企业行为文化 ······49

第四章 企业文化建设的程序与方法 ······56
- 第一节 企业文化建设的主体 ······56
- 第二节 企业文化建设的目标与原则 ······61
- 第三节 企业文化建设的规律 ······68
- 第四节 企业文化建设的程序 ······70
- 第五节 企业文化建设的方法 ······72

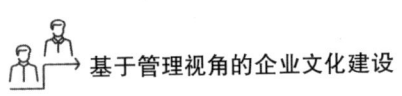

第五章 不同国家的企业文化模式与管理特点 ·············· 84
第一节 美国的企业文化模式与管理特点 ·············· 84
第二节 日本的企业文化模式与管理特点 ·············· 91
第三节 欧洲国家的企业文化模式与管理特点 ·············· 96
第四节 中国的企业文化模式与管理特点 ·············· 98

第六章 企业文化建设与企业思想政治教育工作的融合 ·············· 107
第一节 企业文化建设与企业思想政治教育工作融合的现状 ·············· 107
第二节 企业文化建设与企业思想政治教育工作融合的策略 ·············· 112

参考文献 ·············· 128

第一章 绪 论

本章作为开篇，首先就文化与企业文化的关系做统一梳理，从中探明企业文化的内涵，继而对企业文化价值进行多维分析，并揭示知识经济时代企业文化面临的挑战及其发展趋势。

第一节 文化与企业文化

文化是实现民族振兴的不竭动力，是一个民族的根脉和灵魂，是促进国家发展的重要因素。在当今综合国力的竞争中，文化软实力的作用越来越突出。同样，企业文化在现代企业管理和竞争中也占有越来越重要的地位，已经成为企业核心竞争力的一部分。先进的企业文化决定了企业发展的上限。一个优秀的公司必然要具有先进的文化理念和文化思想。我国拥有悠久的历史积淀和文化资源，因此我们在新的时期要将文化的精髓发扬光大，将其与企业文化结合，促进社会经济的发展和企业的不断壮大。

本节介绍了文化的基本内涵以及企业文化的内涵等内容，剖析文化与企业文化的关系。

一、文化的基本内涵

文化是人类特有的标志。人类发展史表明，文化是社会发展的重要内容，是人类进步的显著标志。一个民族的兴盛，必定是从文化的繁荣开始的；一个民族的发展，离不开文化的支撑。"国民之魂，文以化之；国家之神，文以铸之。"文化的力量深深熔铸在民族的生命力、创造力和凝聚力之中，成为国家和民族的灵魂，体现着国家和民族的品格。当今世界，文化与经济、政治相互交融，与科技结合日益紧密，在综合国力竞争中的地位和作用日益突出。经济实力的竞争虽然突显于表面，但从更深的层面上看，竞争的实质是现代科学文化的竞争。如今以文化内容为主导的经济形态逐渐成为经济发展的主流，人类社会发展正步入文化经济时代。

近年来,经济需求随着社会的发展越来越显示出文化导向。这种文化导向逐渐使社会建设由原来的注重经济价值、以经济消费为中心转变为以心理、道德、社会及美学等人文精神为中心。

(一)文化的概念

搞清什么是文化,为我们提供了研究企业文化的平台和进入这一领域的门径。因为企业文化是一种管理理论属于社会大文化系统下的子系统,所以我们要了解企业文化,首先要了解文化的概念。

文化概念的界定是个复杂的问题,到目前为止,有关"文化"的定义有200多种。解释太多,莫衷一是。但这并不代表文化概念是不可描述、不可言传的。我们可以通过对较为典型的文化定义进行分析,了解文化的基本含义,从而加深对企业文化这一概念的理解。

在中国的古籍中,"文"既指文字、文章、文采,又指礼乐制度、法律条文等。"化"是"教化""教行"的意思。南朝齐王融在《三月三日曲水诗序》中说:"设神理以景俗,敷文化以柔远。"其"文化"一词也为文治教化之意。《辞海》对文化是这样概括的:"指人类在社会历史事件过程中所创造的物质财富和精神财富的总和。"由此可见,文化不是生来就有的,而是通过人类劳动获得的。汉代刘向在《说苑》中说:"凡武之兴,为不服也,文化不改,然后加诛。"此处"文化"一词与"武功"相对,含教化之意。

文化一词的中西两个来源殊途同归,现今都用来指称人类社会的精神现象,抑或泛指人类所创造的一切物质产品和非物质产品的总和。"文化"一词在西方来源于拉丁文 culture,原义是指农耕及对植物的培育。15 世纪以后,这个词逐渐被引申使用,把对人的品德和能力的培养也称为文化。

文化的力量已逐渐为人们所重视,而且越来越自觉,越来越深入。进入 21 世纪,人们开始用战略的眼光审视文化,由此提出文化战略的概念,将新世纪视为文化战略竞争阶段。从企业层面来看,许多公司和集团越来越重视文化和文化战略。一些成就卓越的公司总裁坚决有力地进行文化的领导和推动。如"简单、迅捷、自信、重视实际和价值"的美国通用电气公司的理念,"强调人类健康信条"的美国强生公司的理念,"尊重革新和创意"的 3M 公司的理念,"强调持续革新和改善"的摩托罗拉公司的理念,"顾客第一"的沃尔玛公司的理念以及"真诚到永远"的海尔公司理念等,正是这些各有侧重的文化价值观念,促成了这些企业的发展与壮大。

文化按其概念的涵盖范围，可以分为广义和狭义两方面。广义的文化是指人类在社会历史发展过程中所创造的物质财富和精神财富的总和。广义的文化着眼于人类与一般动物的区别，人类社会与自然界的本质区别，着眼于人类独特的生存方式，其涵盖面非常广泛，所以又被称为大文化。

而狭义的文化是指意识形态所创造的精神财富，包括风俗习惯、道德情操、学术思想、文学艺术、科学技术、各种制度等。狭义的文化，排除了人类社会历史生活中关于物质创造活动的部分，专注于精神创造活动及其结果，又称小文化。

（二）文化的主要特征

1. 文化是共有的

它是一系列共有的概念、价值观和行为准则，与社会密切相关，没有社会就不会有文化。它是使个人行为能力为集体所接受的共同标准。

2. 文化具有多层次性

一个民族的整体文化都有其层次结构，在同一社会层次内部，文化也具有多样性。例如，在任何社会中，不同的年龄、职业、阶层之间存在文化差异。从内部结构对文化的层次进行划分，可分为四个层次，由下至上分别为物态文化、制度文化、行为文化和心态文化。其中行为文化也叫风俗习惯，心态文化也叫思想价值。

3. 文化的双重性

文化一方面是正在进行、不可停顿的生存活动，另一方面是根植于这种生存活动中并规范、调节、控制、影响生存活动的知识、价值、意义。

4. 文化是学习得来的，而不是通过遗传天生具有的。

从这一角度看，非人的灵长目动物也有各种文化行为的能力，但是这些文化行为只是单向的文化表现，如吃白蚁的方式、警戒的呼喊声等。这和人类社会庞大复杂的文化体系相比显得微不足道。

5. 文化的时代性与民族性

文化的核心信息来自历史传统，具有自身的架构，包括各种内隐或外显的行为模式，通过符号系统获得和传递。文化是在一定的历史阶段和民族区域中产生、演变的，因此任何一种文化都既有其时代性，又有其民族性。文化具有广阔和深刻的内涵。人类生活的基础不是自然的安排，而是文化形成的形式和习惯。每一个人都在文化中生存并参与文化的创造活动。

6. 文化的独立性

文化可以与承担者分开，并可以由一个承担者向另一个承担者转化。在一定程度上，文化是与我们分离的。人作为承担者使用文化，并在文化活动中充实自己。但文化并非附属于人，而是外在于人的独立存在。

二、企业文化的基本内涵

企业文化是文化的延伸，是新时代文化的重要组成部分。随着市场竞争的加剧及全球市场的高度开放，企业文化被赋予了更重要的意义。企业文化是企业的无形资产，是企业用之不竭的财富。树立具有自己特色的文化体系是企业在激烈竞争中获胜的必备条件。

（一）企业文化的概念

企业文化是企业在生产经营实践中，逐步形成和发展的为全体员工所认同并遵守的，带有本组织特点的，不易被模仿及改变的企业经营宗旨、价值标准、企业哲学、基本信念，以及在此基础上形成的员工群体性的思维方式和行为方式的复合体。

企业是一个社会的经济细胞，企业文化是一种微观的组织文化。围绕着企业文化的定义，企业文化学界出现了不同的流派，有人认为企业文化应包括物质文化、制度文化、行为文化和精神文化四个层次；也有人把企业文化定位于精神和行为方式层面。国内外学者的认识和表述各异，据统计，企业文化的定义有180多种，这里仅介绍有代表性的几家观点。

美国管理学家戈夫曼·范麦内思认为："企业文化是人们相互作用时共同遵循的行为规范，例如，使用的语言和遵从的行为、礼仪。"霍恩斯指出："企业文化是在工作团体中逐渐形成的规范。例如，霍桑实验的继电器绕线机组观察室形成的'干一天公平的活，拿一天公平的工资'这种特殊规范。"

迪尔和肯尼迪则认为，企业文化是一个企业所信奉的主要价值观，是种含义深远的价值观。

塔格尤尔和利温特则倾向于认为企业文化是企业内部通过物体布局所传达的感觉或氛围，以及企业成员与顾客或其他外界成员的交往方式。

威廉·大内给企业文化下了一个明确的定义："一个公司的文化由其传统和风气所构成。此外，文化还包含一个公司的价值观，如进取性、灵活性的活动意见和行动模式的价值观。"

杰克琳·谢瑞顿和詹姆斯·斯特恩把企业文化定义为："企业文化通常是

指企业的环境或个性以及所有的方方面面。它是'我们在这儿的办事方式',很像一个人的个性。"

我国学者刘光明在《企业文化》一书中指出:"企业文化是一种从事经济活动的组织之中形成的组织文化。它所包含的价值观念、行为准则等意识形态和物质形态均为该组织成员所共同认可。"

魏杰在《企业文化塑造——企业生命常青藤》一书中也认为:"所谓企业文化就是企业信奉并付诸实践的价值理念,也就是说企业信奉并在实践中真正实行的价值理念。"

中国广大学者在西方企业文化研究的基础上,结合中国企业管理的实践,对企业文化理论也进行了不断的探索,并提出了一些很有价值的见解和看法。归纳起来,主要有以下几种观点:

1. 价值论之说

"企业文化是企业组织在长期的实践中形成并为企业成员普遍遵守和奉行的共同价值观念,包括企业的基本宗旨、共同理想、道德规范、行为准则等","企业文化是指在生产经营活动中形成的具有本企业特色的价值观念、行为准则、道德规范、风俗习惯、信息原则等,以及整个企业人员的素质,这是一种着眼于人的深层文化"。价值论主张把价值体系当作企业文化的核心内容,价值体系决定着企业员工的行为取向、思想取向。企业在创造自己的文化过程中,首先遵循的应是企业的价值观。

2. 经济文化之说

所谓企业文化是指同企业生产、计划、财务、销售和技术等紧密联系在一起的人们的心理问题、情感问题、道德问题、社会问题、法治问题等。

作为非经济的文化的因素,它们同企业的经济问题是互相渗透、融为一体的,或者说是同一过程的两个方面。我们无法在现实的企业中,明确地画出一条界线,把经济和文化截然分开。企业行为、任务、产品既体现着企业的经济特性,又体现着企业的文化特性。纯粹的经济和文化只存在于抽象的理论假设和分析中。一切经济活动都是文化活动的表现,文化制约着经济运动的各个领域。

3. 亚文化、微观文化之说

这种观点认为企业文化是宏观政治、经济、文化在企业的文化投影,是一种亚文化、微观文化。它是在一定的社会经济管理实践中逐渐形成的带有本企业特征的基本观念形态、文化形式和价值体系的总和。这种群体文化是宏观与微观、群体与个体、历史与现实的文化融合的衍生物。它在企业灵魂人物坚持

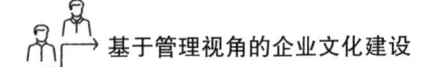

不懈地倡导与全体企业人的合力推进下，实现共识共行的目标。同时，它还与社会主义现代企业建设相辅相成，共荣共进，具有巨大的创造功能，使企业管理工作既井然有序，又卓有成效。

4. 企业精神之说

这种观点认为对企业文化概念的理解，不宜从广义上铺得太开，其核心内容和精神实质可以用一句话来概括——企业文化主要是指企业员工的精神、心理面貌，即企业中长期形成的共同理想、作风、价值观念和行为准则，中国习惯上称为企业精神。其他如所谓"物质文化""制度文化""企业形象""企业家精神"等，不过是员工精神、心理面貌的形成条件和表现形式，属非本质内容。这种观点具有多方面的现实意义，既符合企业文化的原意，又可以对企业文化的本质属性、特点进行更加明确的阐释，避免一些无谓的争论。

5. 管理文化之说

这种观点认为企业文化是借鉴美国 20 世纪 80 年代初总结东西方企业的管理经验创造出的"企业文化"这门现代管理科学而产生的。因此，它不仅具有文化的一般功能，还是一门现代企业管理科学，是管理文化，是一种理论和方法，也是社会新文化的生长点和重要支柱。企业文化作为一门企业管理科学，更重视人的管理，重视提高职工的全面素质，最大限度地发挥他们的积极性、创造性和潜能，并通过广大职工对企业进行管理。然而它并不轻视对物的管理和严格的科学管理制度。企业文化管理科学是对西方"古典"管理理论、行为科学管理理论和东方的哲学、管理经验进行扬弃发展而来的。

6. 物质与精神之说

"企业文化是指企业在历史发展过程中创造的物质形态和观念体系的总和"，"企业文化通常是指企业员工在实践过程中创造的物质和精神财富的总和"，"企业文化是在一定的社会经济、政治、文化等环境的影响下，通过企业家的培育倡导，由企业成员在长期的生产经营活动过程中共同创造出的物质成果和精神成果的总和"。这些概念多是从广义的角度来阐述企业文化的。

7. 自然企业文化与人为企业文化之说

"自然企业文化是指企业员工在长期的生产经营活动中，自然形成的一种观念、意识、方法、习惯的总和"，"人为企业文化是指企业领导人根据本企业的特点,有目的、有意识地提倡的思想,培育的精神和群体意识以及塑造的企业形象"。就企业文化形成过程而言,自然企业文化是人为企业文化的基础和前提,人为企业文化是自然企业文化的升华。

8. *层次论之说*

这种观点认为企业文化是一个多层次、多内容、多方位、多角度的综合文化体,是物质文化、行为文化和观念文化等多种文化形态有机结合的整体系统。它由表层企业文化、中层企业文化、深层企业文化三个层次构成。

此外,企业文化还有"硬件"与"软件"结合体说,经济意义与文化意义结合体说,外显文化与内隐文化复合体说等。

随着科学技术的迅猛发展,我们迎来了继工业文明之后的以信息和网络社会为标志的知识经济时代。全球经济一体化、竞争无国界化的崭新格局,引发了企业自工业革命以来最深刻的变革。知识经济改变了传统企业的内涵、竞争行为和管理方式,决定企业实力的不再是物力资本,而是知识和技术。以知识为基础的企业竞争将主要体现在通过智力资本实现的资源配置以及人力资源的开发能力上,人力资本的价值将更明显地体现出来。因此,作为由人聚合而成的社会经济组织,企业的兴衰存亡取决于人的因素,而优秀的企业文化对企业管理也将发挥决定性的作用。英国哲人弗朗西斯·培根有句名言,"知识就是力量",换句话说就是知识里蕴含着力量。特雷斯·迪尔和阿伦·肯尼迪在《企业文化:现代企业的精神支柱》一书中指出:"我们希望能向读者灌输企业生活中的一条新定律:文化中存在力量。"这里所说的"文化中的力量"就是"文化力"。这种"文化力"能够调节企业员工的行为,使员工朝着企业的发展方向和既定的目标共同努力。如果说企业管理是一只"看得见的手",那么企业文化就是一只"看不见的手"或"无形之手"。企业的有效运作,不仅需要企业管理这只"看得见的手",更需要企业文化这只"看不见的手"。

关于企业文化内涵的研究成果虽然很多,但都包含了一个共同的概念——价值观,价值观是企业文化讨论的核心,部分研究者甚至直接将价值观等同于企业文化,还有些学者把组织成员的交往方式作为企业文化的内涵,也有学者认为它是一种竞争原则,研究的视角不同,对企业文化的定义也有所差别。

本书认为,企业文化是一种基于社会文化及企业发展历史的精神要素,是企业员工共同遵守的核心价值理念体系和做事的内在规则,是企业持续发展的内在推动力,通过对其方向的确定管理、价值理念的渗透和强化管理来促进企业的可持续发展。

第二节 企业文化形成与发展的原因

企业文化是世界各国管理学家和文化学家共同努力逐步发展起来的一门学科,20世纪80年代初由美国学者首先提出。一些美国学者对日本企业进行了深入的分析研究,得出了日本企业成功的两条经验:

一是极为重视人的工作。企业通过各种手段激发员工的自尊心、责任感、成就欲。相应的,员工对企业产生强烈的向心力、认同感。两者均反映了企业和人的价值观问题,即某种文化理念。

二是非常善于学习外国的先进成果。无论是中国的儒家教义,还是欧美的现代化管理科学和先进技术,他们都乐于引进,但决不盲目照搬,一切均融合成适合日本国情的一整套管理哲学和方法。

在研究当代企业文化的由来时,我们发现最关键的因素是新技术革命产生了广泛深远的影响。科学技术的迅猛发展促使劳动力、劳动性质、市场竞争手段、企业管理理念等方面产生了根本性的变化。

一、经济体制的变化

世界经济一体化、企业经营全球化、国内现代企业制度的建立等因素,促进了企业文化在我国的传播。在我国,计划经济转变为市场经济已有很长时间。科学进步使信息传播的渠道大大增加,速度大大加快。在物质流通领域,商品交换力争多渠道、高速度。面对瞬息万变的市场,企业要在竞争中取胜,除了加强内部各项专业管理、设法降低成本、提高劳动生产率以外,还必须重新确立符合时代发展的价值观念。如生产经营过程中的质量、创新、服务、信誉、时效等观念;社会交往中企业对国家、用户、协作单位的责任以及企业内部员工之间团结和谐、平等竞争的观念等。其中每一个观念都在继承原有观念合理部分的基础上充实了更加符合市场经济规律的现代意识。广大员工树立了这样的观念,就会更加兢兢业业地工作,确保产品的高质量,珍惜名牌声誉,从而进一步增强在本企业工作的自豪感。以质量观念为例,过去倡导物美价廉,而今则是"按质论价,质优价优,名牌高价"。

二、劳动性质的变化

新技术革命使劳动的含义发生了飞跃式的变化。劳动的含义从狭隘的体力劳动中延伸出来。过去象征着工业化标志的重污染工业已作为治理对象排除在现代化工业之外;代替手工劳动的机器已发展为自动化的组合机床、加工中心;满身油污、紧张操作的体力型工作日渐被身穿白大褂、坐在控制台前操纵按钮的智力型工作所替代。与此相应,员工的文化程度普遍提高,自我意识日趋强烈,光凭纪律制度约束人们的行为常常遭到有形无形的抵抗。脑力劳动的比例越大,越难评估其"卖力气"的程度,所以不能完全依靠明确的规定或制度去控制知识工人和技术人员,而需要用"文化"来激发大家。

这就要求企业管理者不能再以劳动力是成本的态度去对待员工,而要从劳动力是资源的角度发掘人的潜能,彻底摒弃工人是"会说话的工具"这种陈旧观念,给予员工感情尊重和理智尊重。

三、管理理论的发展

管理学对人的假定提出了三个阶段:第一个是"泰罗阶段",人被假定为"经济人",就是说人要穿衣吃饭,所以要干活挣钱,管理学在这个时候强调的是控制。第二个是"德鲁克阶段",把人假定为"自然人",人不仅要穿衣、吃饭,还要有归属感。所以管理学在这个时候强调的是激励,就是企业不仅要给人物质,还要满足人的精神需求。第三个是"西蒙阶段",人被假定为"决策人",就是说人不仅要体现自我价值,还要求自我设计,自己当自己的主人,所以管理学在这个时候强调赋予人权利。从这个角度讲,企业要对员工进行最大限度的开发和利用,就必须最大限度地满足员工的需求,就必须调整人力资源管理的目标,使企业的人力资源管理和企业文化建设真正有机结合起来,保证优秀的人才担任领导工作,使员工都能满意高效地工作,进而实现每个人的能力、兴趣与自我发展。

四、国际间的竞争与合作

当今国际政治多极化,世界经济一体化,企业经营全球化,信息管理网络化,特别是高新技术的出现,信息渠道的畅通,使产品的更新周期大大缩短。经常能见到某企业的一个产品刚热销,其他企业的同类产品甚至换代产品就已大量出现在用户面前。激烈的竞争必然导致企业之间的重新组合,甚至出现了跨地区、跨国界、跨行业的国际化生产经营方式。这些企业集团以及跨国公司的出现，使成千上万不同地区、不同行业、不同民族、甚至不同国籍的人在同一个公司里共事，其生活习惯、风俗民情、理想信念、道德标准等方面呈现多元文化格局。企业要使这些员工互相协调，并和企业的步调保持一致，光靠金钱刺激或规章制度来约束是不够的，而需要有一种跨越地域、国界的本企业成员所认同的统一思想观念和道德规范，以达到统一行为的目的。

五、一元文化到多元文化

随着国际政治多极化、资源配置全球化、世界经济一体化、信息管理网络化、企业经营跨国化的迅猛发展，企业文化建设由一元到多元是大势所趋。随着企业规模不断扩大，集体之内的员工文化背景、地域背景差异性表现得相当突出。再加上以人为本思想深入人心，企业对人的个性、爱好也愈加尊重，这时文化冲突便随之产生。因此，企业文化建设要与时俱进，要多元化，管理者、领导者要重视企业多元文化建设。

第三节　企业文化的特征与功能

企业文化对推动企业的发展、提升企业内部管理质量和效率意义重大。企业文化的建设必须要以实事求是为依据，关注政治经济形势发展的实质条件，积极实现企业精神的有效塑造，树立良好的企业形象以及企业品牌。在新的时代背景之下，企业文化建设工作的难度有了一定提升，同时所包含的工作环节越来越复杂。工作人员需要结合企业文化建设的实施要求，不断丰富工作内容以及工作形式。其中新时期企业文化的特征分析能够为这一工作指明道路及方向，充分体现出企业文化在推动和谐社会建设方面的重要作用及优势。

一、企业文化的特征

（一）创新特征

与其他管理工作相比，企业文化建设所涉及的内容比较复杂，对工作人员的要求较高，为了保证这一工作得到落实，企业工作人员需要站在宏观的角度，以树立良好的创新意识为依据，将更多的创新内容融入其中。从微观的角度来看，企业文化建设的创新主要包含文化活动创新、体系创新、制度创新、文化创新以及理念创新，企业管理工作人员需要着眼于时代发展的趋势，了解企业可持续发展的实施条件，不断为企业的管理创新以及文化建设创新提供强大的动力支持。

企业文化建设创新要求企业坚持以人为本的核心理念，将人才观念、制度观念、服务观念、竞争观念、全局观念融入其中，积极借鉴其他企业的优秀做法以及管理经验，积极实现文化创新思维的发展，将创造性的工作方法融入企业文化建设工作之中，从整体上提升企业的凝聚力以及文化感染力，保证企业文化能够实现稳定发展。

除此之外，企业文化建设创新还要求管理工作人员坚持与时俱进的工作理念以及要求，以主题活动的开展为依托，注重主题教育活动的合理设计，鼓励和引导员工站在时代的角度主动参与不同的主题教育活动，以此来充分体现企业文化的重要价值及作用。

企业管理层需要对企业管理目标以及发展形势有客观的认知和理解，保证企业文化建设内涵的丰富化以及多元化。另外，在新的时代背景之下，企业文化建设的外延进一步拓展，如果企业坚持与时俱进的工作理念，那么对营造企业文化的建设氛围以及凝聚企业精神将会产生重要的影响。对此，企业管理工作人员需要投入更多的时间和精力，加大对企业文化创新的投入，这样才能保证企业有效应对来自时代发展的挑战，实现自身的稳定运作以及可持续发展。

（二）和谐特征

企业文化建设与其他管理工作存在极为紧密的内在逻辑联系，这一工作的完成质量会直接影响其他工作。因此，企业需要积极坚持文化建设工作的主路径，分析新时代背景下企业文化的新特征。我们结合学术界的相关研究结论分析可以发现，企业文化建设具有明显的和谐特征。文化建设其实就是建设人的文化，因此人的因素最为关键。在建设企业文化的过程中，管理工作人员必须要注重人文环境的有效塑造，关心人、理解人和尊重人，找到企业文化建设的着力点，采取潜移默化的形式实现人文元素的有效融入，将更多的情感注入企业管理工作中，从整体上提升员工的工作积极性，保证其将个人的主要精力及时间投入工作中，实现个人开拓创新能力的稳定提升。这一点对推动企业的改革、促进企业的稳定建设和发展意义重大。

企业文化建设的和谐特征要求企业以内部管理机制的创新以及科学发展为核心，了解企业内部的核心矛盾，关注文化机制的核心要求，积极建立良好的劳资关系以及员工关系，实现企业员工与企业的和谐发展以及共同进步。只有这样才能充分体现新时期企业文化的新特征、新内容以及新要求。在建设和谐企业文化的过程中，企业管理层需要注重调动广大员工的积极性，培养企业员工良好的工作行为习惯以及创造精神，营造自由宽松的工作氛围，形成良好的企业文化环境。其中企业运营管理是企业文化特征分析中的重要组成部分，企业需要注重思想工作的重要推动力，加强与基层员工之间的联系、沟通，真正实现人性化、全渠道、多方面的交流互动，形成上下一体的企业文化建设环境，保证企业员工能够主动接受优秀思想文化的熏陶，提升个人的精神境界以及综合修养。这样才能够为企业赢得更多的机遇。

（三）精神特征

企业精神是企业文化建设的核心，企业文化建设工作必须要以精神的塑造为依托，深入分析企业精神的具体内容以及形式要求，让企业获得更坚强的精神根基。在企业管理的过程中，企业精神有着重要的作用，企业精神是企业文化力量的体现。企业在长期生产与经营的过程中会形成具有自身特色的企业精神，企业精神与经营特点以及行业特色存在极为紧密的逻辑联系，会直接影响企业文化建设的具体方向、路径。企业管理工作人员需要以企业精神、经营风格、价值取向、核心观念、发展战略目标、道德观念以及思想艺术的分析为出发点，了解不同管理理念的具体内容和形式要求，积极实现企业精神与企业管理机制的有效创新，不断创新人力资源的开发路径，促进经营流程和生产流程的有效进行。

其中企业发展战略目标的确定尤为关键，企业需要将资源的开发与利用融入战略目标之中，合理规划不同的工作流程以及工作内容，保证企业文化的丰富化、多元化。企业管理层需要着眼于行业发展的特色，建设具有行业特征的企业文化，注重企业精神和企业特色的培育，创新经营理念和管理模式，从整体上实现企业的稳定发展，保证企业软实力的综合提升。企业的管理层需要将企业文化与生产经营的全过程融为一体，坚持科学发展观的工作理念，了解生产经营的全过程，积极构建以科学发展观为基础的企业核心精神，保证企业能够主动应对来自其他行业的挑战和威胁，将更多的活力融入企业文化建设之中，实现企业文化建设的发展，激发企业精神的生命力。新时期背景之下的企业文化特征多元化，精神特征是重要组成部分，企业需要坚持以人为本的管理理念、建设理念，全方位多角度地鼓励员工、引导员工，了解员工的真实想法，给予员工有针对性的帮助和指导，保证员工能够在主动参与的过程中为企业的发展做出自身相应的贡献。

企业文化新特征的分析以及研究对改革企业的发展路径意义重大，企业的管理层需要着眼于时代发展的趋势，了解自身的发展路径以及所面临的外部竞争环境，加强不同管理环节之间的联系和互动，充分彰显企业文化对企业发展的重要价值及作用，抓住企业文化建设的核心要求。

二、企业文化的功能

提高企业生产经营质量和效率、激发企业发展潜力、推进企业可持续发展，既是企业管理工作的目标，也是企业文化建设的目标。所以，企业基于企业文化开展企业管理工作十分重要。为此，对企业文化在企业管理中发挥的作用进行简要分析，并以企业文化的功能为依托，对充分发挥企业文化价值的方法进行阐述。

（一）企业文化的凝聚功能

所谓凝聚功能，就是企业文化在发展和应用环节中，提高企业内部凝聚力，增强企业员工归属感，使员工形成团体意识和合作氛围的功能。在企业管理中，企业文化的凝聚功能主要体现在基于企业文化环境引导和管理企业价值观以及员工行为方式等方面。在实践工作中，企业管理者应该合理应用企业文化，让员工在认同企业文化的基础上树立良好的价值观念，进而形成与企业发展目标具有一致性的个人奋斗目标，实现个人目标与集体目标的有机结合。

在企业文化中，凝聚功能体现在情感、组织和思想三个方面。在实际工作环节中，企业应该建立明确的组织机构和关怀机制。比如，通过以老带新、尊重上级和关怀下级、企业部门定期团建等方式，企业文化的温情得以充分展现。企业的各级管理者都应该牢记"以人为本"的宗旨，在管理工作中积极践行企业的规章制度和发展战略，展现个人的人格魅力，制订深受员工认可的组织领导方案。同时，在企业管理中，企业还应该在优化工作环境方面发挥企业文化的凝聚功能。

企业发展壮大的过程往往也是其基础设施和工作环境得到优化和完善的过程。以某集团为例，该集团以"认真生活，快乐工作""客户第一、员工第二、股东第三"为企业发展的价值观，在企业文化中给予了员工充分的尊重和关爱。集团总部园区、大厦都是当地地标性建筑，内部设施极具科技感和人性化，对提高企业员工工作质量和效率十分有利。该集团为旗下员工提供了极为舒适的工作环境，让他们产生了强烈的归属感和自豪感，对提高员工向心力、企业凝聚力十分有利。因此，企业开展管理工作应该基于企业文化来美化工作环境，让企业关爱员工的"软文化"充分展现在企业的环境和设施等"硬文化"之中。

（二）企业文化的约束功能

企业文化当中的制度文化是企业所有规章制度的集合，所以企业文化可以为企业管理工作的开展提供制度支撑，从而发挥约束员工行为的功能。在这一层面，企业管理者既需要利用企业文化潜移默化地影响企业员工，也需要借助企业文化直接约束员工，以规范企业员工的思想行为和目标，合理应用企业文化。对于企业而言，企业文化在管理工作中的渗透，有助于提高管理质量。

企业应该以提高员工综合素养和增强企业核心竞争力为目标，制定和应用企业文化制度。在此环节，企业应该加强制度体系的建设和完善。比如，推进企业文化与绩效考核的有机结合，在考核员工业绩的同时，注重对员工思想和行为的规范性的考核，为避免恶意竞争和投机取巧奠定基础。当然，企业管理需要讲究人性化，而在人性化管理中沟通必不可少。为此，相关工作人员可以基于企业文化建立有效的沟通机制，为实现企业文化的传达和反馈提供帮助，及时了解员工思想和行为动态，为有效开展企业管理提供帮助。

（三）企业文化的展示功能

企业文化中蕴藏着企业的经营发展理念、战略目标和价值观，这些要素都是企业形象的重要组成部分。对于企业而言，拥有充满正能量和文化底蕴的企业文化，更有利于企业塑造市场形象，提升品牌价值和消费者认可度。以百度公司为例，该企业的核心价值观是"简单可依赖"，使命是"用科技让复杂的世界更简单"。这种企业文化不仅赋予了企业员工责任感和使命感，也向外界展现了一个勇于创新、敢于承担社会责任和乐于服务大众的企业形象，所以百度成为全球最大的中文搜索引擎。因此，在企业管理工作中，相关工作人员应该科学应用企业文化，通过推进企业核心价值观的外化，来提高员工认同感和市场认可度。

（四）企业文化的激励功能

企业文化能够从精神、思想层面对企业员工进行引领和指导，对激发企业员工的工作积极性、创造性，推进员工之间的良性竞争十分有利。人才是企业发展的主要支撑力量，只有企业员工具有专业素养、责任意识和创新能力才能推动企业的长远发展，而企业文化恰恰可以为企业员工的发展指引方向。所以对企业管理工作来说，企业文化具有激励功能，有利于振兴企业。在企业管理工作中，最为重要的就是人力资源管理，事关"人"的管理无非是管理思想和行为。企业文化内涵丰富，既可以对员工思想进行引导，也可以对员工行为进行约束。企业文化的内核是企业的价值观，企业价值观与员工个人价值观之间是否具有一致性，是影响员工工作有效性的关键性指标。企业员工只有在完全认同并践行企业价值观时，才能相互协作、努力奋斗，为实现个人理想和企业发展目标做出贡献。当然，企业文化在企业管理中的激励功能不仅表现在人力资源的管理上，还表现在企业环境建设和管理模式优化等方面。学习企业文化，有助于企业员工对企业发展情况进行全面了解，还能帮助员工增强工作信心，实现自身价值。

为了充分发挥企业文化的激励功能，企业管理人员应该从建立和完善企业制度文化着手，通过建立全面的晋升和薪酬福利体系，为企业员工提供物质和精神奖励。比如，建立科学的晋升机制，增强考核机制的公平性与全面性，树立优秀员工榜样，召开员工表彰大会等。企业管理者应该基于制度保障，为企业员工提供奖励，肯定员工的努力和付出，进一步激发他们的工作热情，为其更好地创造个人和集体价值奠定基础。

第四节　企业文化的影响因素

影响企业文化的因素有很多，概括起来主要包括企业文化背景、企业战略、企业组织机构、企业制度、企业领导人、企业员工等六个方面。

一、企业文化背景

企业首先是社会的企业，它的存在无时无刻不受传统文化、地域文化、行业文化、商业文化等因素的影响。企业所处的地理环境、经济环境和人文环境的差异，直接影响企业的经营思想和经营方式，也影响员工的价值观念和追求。

企业文化的背景是经过岁月积累逐渐形成的，具有强烈的传承性、记忆性和排他性。其内容主要包括两个方面：

第一，文化通过教育和模仿传承下来的行为习惯，引导着人们的行为。这种引导实际上更多的是用过去的经验来指导人们今天的行动。文化也是一种群体记忆，通过一定的思维框架和评价参照体系，形成一种集体无意识机制，制约着群体成员的思维方式，并通过对成员思维方式的影响，限制个体乃至群体的行为选择。

第二，文化所倡导的价值观和行为准则是被承载群体普遍认可、广泛赞同的，异质价值观基本上是不被接受的。文化愈强有力，价值观与行为准则的统一性愈强，异质价值观则愈受排斥。例如，北大纵横曾经咨询过一家民营企业，该公司全国分公司的经理中，有超过一半来自浙江某县，还有5名也来自浙江，只有1名来自湖南。显然在多重文化背景孕育下形成的企业文化也由此具有了传承性、记忆性和排他性的特征。

二、企业战略

企业战略对企业文化具有导向作用。一个企业的文化首先要按照企业既定的战略来确立经营活动的宗旨、方针、目的、策略，然后在此导向下逐步充实、丰富企业文化的内涵。企业文化只有适应企业的经营环境和经营策略时，才是有效的。

企业战略具有长期性和连贯性的特点。这种特点使管理者面临新情况、新问题时，一方面不易察觉到情况的变化，另一方面虽有察觉但因为过去成功经验的自信和认知的有限性，他们面对外部环境的巨大变化，往往无法对未来做出清晰而准确的预测，更多的是以不变应万变，等待更多的信息以供决策。

即使企业战略需要调整，企业管理者也可能只是在先前的战略选择上进行改进，哪怕先前的战略出现明显的问题。这种情况常常引起战略的承诺升级，即战略制定者通过直觉的价值判断，进一步增加对先期战略的资源投入，以试图证明起初的战略没有错误。企业战略的长期性、连贯性和承诺升级的特点使其所导向的企业文化必然具有相应的特征。

三、企业组织机构

企业组织机构内部权力的分配和责任的承担，是企业文化建设的重要途径。对权力、责任的认可与实施，直接影响一个部门乃至整个企业文化氛围的形成。企业的组织机构具有依存性的特征。

一方面企业文化与企业的组织机构之间存在相互依存的关系。这种依存关系使企业文化和组织机构处于一种平衡状态。由于企业文化对公司权力机构的支持，任何对企业文化的变革，就是对企业组织机构的改变，也意味着对权力机构特定利益的相应调整，因而必然遭受来自企业内部权力机构既得利益者的阻力。这种反对阻力隐秘、微妙且不易察觉，但往往能成功地阻止任何对企业文化改革的尝试。

另一方面企业内部各个机构之间也是相互依存的。这种机构之间的依存关系使企业文化如不进行全局改革，就不可能取得任何局部改革的成功。这就加大了企业文化的变革成本，进一步增强了企业文化建设的路径依赖特征。

四、企业制度

企业文化是关于企业自身的制度和价值观念的阐释。企业文化必须通过一系列正式制度体现出来。企业的制度化是企业文化建设过程中必不可少的。人们通过它能更加清晰、准确和全面地建设企业文化，并挖掘优秀文化加以继承，及时摒弃劣质文化，对照外界环境，汲取先进文化，抵制落后文化，从而推动企业文化的发展。

然而，凡事有利亦有弊，制度化的过程同时也是企业文化固化的过程。随着对制度的深入理解和广泛认同，人们在接受制度文化的同时，又会反对与制度相悖的文化，容易让企业拘泥于制度文化。制度化过程能促使企业井然有序的运行，却又会让企业走上按部就班的道路。相对稳定的制度环境容易使企业失去创新的激情，变得保守甚至固执。管理者有时只重视制度本身，而忽视了制度背后所鼓励的价值观，从而使管理的过程与结果出现偏差。

五、企业领导人

过去的历史无论是成功的经验还是失败的教训，个人行事的偏好、价值理念和思维方式都会成为企业领导人未来行为的参照物。在以往工作、学习、成长过程中积累的个人知识和能力限定了企业家决策的选择空间。长期工作中形成的思维方式制约着企业家分析问题的角度，而过去成功的经验更是让企业领导人趋向于复制成功，并把这种成功经验看作无往不胜的利器，忽视了自身的实力和核心竞争力，把一次偶然性的冒险变为惯常性的行为，做出一些并不明智的决策。成功的历史和特殊的身份造就了企业家的权力惯性，这种惯性就是非正式制度。它在一定程度上容易导致企业家的刚愎自用，阻断言路，听不得不同意见，要求下属对自己的命令无条件服从。因而在企业文化变革中，企业领导人能否把握好自身的角色，实现自我定位、自我约束、自我实现乃至自我超越，关系到企业文化建设的成败。

六、企业员工

企业员工是企业文化的主要载体，也是企业文化路径依赖的主要来源。

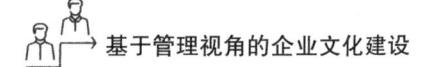

在多数情况下人们的思想感情总是愿意接受和坚持自己熟悉的东西，对新事物或由于其不确定性或由于个人利益得失持有怀疑和抵触心理。具体体现在以下方面：

第一，由于人们的思想价值观念与企业文化有着千丝万缕的联系，身处其中的企业员工对原有的文化习以为常，看不到企业文化变革的必要性和迫切性，因而对文化的变革总会产生心理上的抵触和失去既得利益的担心。

第二，任何改变都存在转换成本和机会成本，企业文化建设也是如此。企业员工改变原有的文化认同，意味着要改变既有的知识技能、行为习惯甚至价值理念，并且还要投入精力、时间和金钱来学习新的知识和技能，以适应新的企业文化，这对任何人来说都是一种相对较高的转换成本和机会成本。面对较高的成本和不确定的收益，企业员工更趋向保持现有的企业文化，规避不可预知的变革。这成为企业文化路径依赖的主要来源。

第二章 企业文化管理的内涵与作用

知识经济时代，企业管理模式发生根本转变，其中企业文化被视为企业的新引擎，可以使企业获得创新发展的动力。企业文化管理的重要内容之一是企业文化与企业发展战略的关系。企业文化与企业发展战略之间存在复杂的关系：一是企业文化是企业发展战略构建的前提，可以说企业发展战略改革首先来源于对经济、社会、市场、产业以及产品的综合性认识，这种认识是以社会文化发展趋势为标志的，因此，企业文化是企业发展战略的根本；二是企业发展战略对企业文化的构建与完善具有重要的作用，当一个企业的发展战略制定后，企业文化管理就成为战略的重要组成部分，企业文化逐渐发挥重要的作用；三是企业文化对企业发展战略的实施具有重要的保障作用，企业发展战略的贯彻与实施是以企业文化为基础的，即没有企业文化作为基础保障，企业发展战略的使命、目标、任务以及经济利益就难以实现；四是企业文化与企业发展战略是一种共生关系，并且互相依存，息息相关，是构成企业有形与无形力量的核心要素。

学界和业界经常在不同的语境下使用企业文化管理的概念，造成了企业文化管理概念的混乱。一种主流的代表性用法是把企业文化管理当作管理的最高阶段，是一种相对于经验管理、科学管理、制度管理的全新的管理模式。有学者认为企业文化管理是"灵魂管理"，企业文化管理的中心是"经营灵魂"，而不是"事务"。这种观点实际上把企业文化管理理解为"用文化进行管理"，是一种"基于文化的管理模式"。我们把企业文化管理理解为基于文化的管理，理解为一种高于制度管理的全新管理模式是符合管理科学发展事实的。

第一节 文化与管理

美国著名管理学家彼得·德鲁克指出，管理不仅是一门科学，还应是一种文化。文化与管理之间的关系是密不可分的，管理依赖于文化，文化推动着管理。正因为如此，研究管理必须研究文化。

管理之所以成为一种文化现象，一个很重要的原因就是在管理中发挥主要作用的、作为管理主体和客体的都是人。而人的各种行为，无不受到特定时空所具有的文化背景的影响，均体现出一定的文化背景。因此，当人作为管理主体从事管理活动时，他的思想行为会反映出文化的特点；当人作为管理客体被人管理时，他的反应、行为同样体现出一定的文化教育背景。

20世纪80年代初，美国麦肯锡咨询公司的专家肯尼迪和哈佛大学教育研究院教授迪尔，在长期的企业管理理论研究和实践中深切感受到文化对于企业管理的重要性，故提出了"文化管理"的概念。他们的目的"是为企业领导人提供有关文化管理的入门知识"，"我们希望通过这种方式向我们的读者灌输一种新的企业生活规则：文化就是力量"。美国著名学者沙因在《组织文化与领导》中也说："领导者最重要的才能就是影响文化的能力。如果有必要把领导理论与文化区别开来，我们必须认识到在领导理论中文化管理居中心地位。"

所谓"文化管理"，就是把企业管理的软要素作为企业管理的中心环节的一种现代企业管理方式。它从人的心理和行为特点入手，培养企业组织的共同价值观和企业员工的共同情感，形成组织自身的文化；从组织整体的存在和发展角度去研究和吸收各种管理方法，形成统一的管理风格；通过企业文化培育、管理模式的推进，激发员工的积极性和主动性。文化管理充分发挥了文化覆盖人的生理、心理的作用，把以人为中心的管理思想全面地展示出来。有人在对中外企业的文化管理实践进行研究后，提出了企业实现文化管理的七条标准。

1. 以人为中心进行管理

企业对内要尊重员工，关心员工，千方百计调动员工的内在积极性、创造性。技术虽然重要，但要靠人去驾驭；效益虽然重要，但要靠人去创造。面对正在到来的知识经济时代，人们开始认识到创新是知识经济的灵魂，是获取竞争优势的关键，而创新的主体是人，因此"人才是知识经济之本"正逐渐成为共识，人才的竞争将成为未来竞争的焦点，实行以人为中心的管理将显得更加迫切和重要。

企业对外要以消费者为中心，关心消费者，时时处处为消费者着想，树立"消费者就是上帝"的价值观。消费者是企业生存的基础，了解消费者需求、满足消费者愿望应该成为企业永远追求的目标。

2. 努力培育共同价值观

只有员工群体协调一致地努力，才能为企业赢得成功。协调一致的群体行为的出现依赖于共同信守的群体价值观的培育。因此，成功培育企业的共同价值观是登上文化管理台阶的基本标志。

3. 企业制度与共同价值观协调一致

存在决定意识，不同的制度强化不同的价值观。平均主义的分配制度强化"平等"的价值观，按劳取酬的分配制度强化"进取"和"劳动"的价值观。我们在承认企业制度对共同价值观的决定作用的同时，也承认共同价值观对企业制度具有反作用。两者之间是相互影响、相互作用的辩证关系，最关键之处在于企业制度与共同价值观要协调一致。

4. 管理重点由行为层转到观念层

人是有思想、有感情的，人们的工作兴趣、工作热情、敬业精神等思想情感方面的因素对工作起着十分重要的作用。纵观人类社会的发展史，我们可以看到科学技术成为生产力中越来越重要的因素，脑力劳动在劳动构成中的比重越来越高。新知识、新技术要靠人类的脑力劳动来创造，脑力劳动看不见、摸不着，对人的行为进行严格控制的方法显然无法适用于脑力劳动为主的企业。因此，管理重点必将向自我控制转变，这就要求企业领导者要注重满足员工自我实现的需要，要鼓励员工培育敬业精神和创新精神，并在共同价值观方面取得共识。管理重点由行为层转到观念层无疑是衡量企业是否进入文化管理阶段的显著标志之一。

5. 实行"育才型"领导

美国学者布拉德福德在《追求卓越的管理》一书中，从领导方式上研究了从科学管理到文化管理的飞跃。他们把领导方式分为三类：师傅型、指挥型和育才型。前两种类型又统称为英雄型，其特点是权力和责任高度集中，任何重要决策只由一人做出；不重视下级的创造性智慧；只关心工作任务的完成，不关心下级的疾苦、冷暖和成长。育才型领导则实行分级管理，上级与下级共担责任，共同控制；尊重下级的创造性智慧；既关心工作任务的完成，又关心下级积极性的发挥和思想能力的培养；一切工作都依靠配合默契的团队，培养团队精神成为领导者注重的焦点。显然，文化管理需要育才型领导。

6. 建立学习型组织

学习型组织的概念是美国麻省理工学院的彼得·圣吉等人提出的。该观点指出，学习是一个终身的过程，"一家公司不可能达到永恒的卓越，它必须不断学习，以求精进"。学习型组织的五项技能被称为"五项修炼"，分别是自我超越、改善心智模式、建立共同愿景、团体学习和系统思考。其核心是"第五项修炼"。

文化管理强调以人为中心，注重发挥员工内在的积极性、主动性和创造性，不断提高员工队伍的整体素质，以持续创新来保持企业的活力。要达到此目的，企业就必须建立学习型的组织，并形成学习型文化。大量事实表明，创新是当今和未来企业保持优势的关键。企业要提高创新能力，就必须提高员工队伍的整体素质，而建立学习型组织无疑是企业迎接挑战的必然选择。

7. 软管理与硬管理巧妙结合

所谓硬管理是指执行规章制度，进行直接的外部监督以及行政命令等刚性管理，也包括采用计算机管理信息系统、人机监控系统等现代化的物质手段。所谓软管理是指培育共同价值观、建立良好的企业风气、形成和谐的人际关系等柔性管理。科学管理主要依靠硬管理推行，文化管理则要求刚柔并济、软硬结合。

第二节　企业文化管理的概念及地位

企业文化在企业发展中起着不可替代的作用，其不能根据管理需求来制定，而应该从企业灵魂和精神层面来实现文化内涵的表达，为企业发展服务。如果一个企业为了实现某一管理目标而不顾实际，强行制定、实行某一种所谓的企业文化，其结果一般不会理想。

目前，我国理论界对企业文化管理概念的认识越来越清晰，已有学者对企业文化的资源属性进行了研究。聂清凯和何浩明认为企业文化是"企业的一种组织资源"，"是企业的一种特殊的战略资源"。由此看来，我国已有学者把资源基础理论当作企业文化的重要理论基础。无疑，企业文化的资源属性能够为企业文化管理的理论研究和学科构建提供帮助。

基于前面的分析，本书认为企业文化管理指的是对"企业文化"这一组织资源进行的 PDCA 循环管理，即 Plan（计划）、Do（执行）、Check（检查）和 Act（处理），是企业管理的一个子系统，既包括了"对文化的管理"，也包括了"基于文化的管理"，前者是企业文化管理的前提和基础，后者是企业文化管理的目的和归宿。

众多学者认为，企业在诞生之时就被赋予了管理者自身的价值观和行为理念，这就是最早的企业文化。这种价值观直接决定了企业的发展方向和管理模式，因此，这种观点实际上认为先有企业文化。企业文化先于管理而存在是学术界普遍的共识。在企业成立之初，企业管理者根据自身理念和行为方式来选择员工，影响员工的行为和思想，形成组织规范，并根据管理者自身理想来制定企业发展策略。这些方面都体现出企业文化先于管理存在，并在企业管理中起着重要的作用，渗透到管理的方方面面。在企业的后续管理中，企业战略的制定、制度体系的建立以及各种岗位规范都受到企业文化——管理者意识形态的影响。

但是，企业文化并不是一成不变的。随着企业发展速度的加快，企业规模的扩大，企业管理者眼界的拓宽、思想意识的改变，企业文化有可能产生较大的变化。企业文化在企业经营发展的过程中不断完善，最终形成企业文化的战略体系，推动企业迅速发展。而企业的员工也会与企业文化中的价值观、行为准则相适应，为企业战略的实现保驾护航。

企业管理是一个多层次、多分枝、相互促进和相互监督的复杂系统。企业管理既有战略目标管理系统、人力资源管理系统、资本运作及财务管理系统这些硬性指标的管理系统，又有沟通协调系统、权限管理系统、信息反馈及处理系统等这些减小摩擦、疏通管理的软性管理系统。在这些众多的企业管理系统中，企业文化并没有作为硬性指标。但是文化战略管理作为企业管理的重要组成部分，参与了企业管理的各个环节，对上述各个管理系统都有极大的影响。在当今社会中，文化管理虽然并没有作为一项专门的职能机构存在于企业管理架构中，但是已经有越来越多的企业意识到企业文化对企业管理的重要性，并将企业文化建设放到了至关重要的位置。虽然企业文化在企业管理中的位置非常重要，但是在企业实际应用实践中，企业文化建设浮于表面的现象也不少。有些企业在管理中虽然意识到企业文化的重要性，但是不能将企业文化建设与企业经营管理有机结合，只是喊口号，这样不仅不能使企业管理受益，还有可能因为这些浮夸的企业文化影响企业经济和成本，造成损失。因此，在企业管理中，企业只有将管理与文化相互融合、高度统一，才能实现企业效益和竞争力的共同提高。

在企业的发展过程中，企业文化所体现的经营哲学与思想为整个企业的发展奠定了思想基础，明确了企业的发展方向和定位，为企业的发展提供了方法论指导。企业文化营造出了企业的特有文化氛围，从本质上讲，企业文化的核心是企业精神与价值观，通过这些观念的营造使企业内部产生群体认同感。而所谓的管理其实就是宣扬倡导了一种价值理念，把这种理念植入员工的意识，使员工在这种理念的指导下进行工作。在当前社会，形象作为一种无形的财富，发挥的作用越来越大。一个具有良好形象的企业在吸引资金和人才方面会更有竞争力，更能在员工间形成合力，从而提高企业效益。

在企业文化的塑造中，我们应该重视四个方面的内容：注重宣传管理风格和企业家精神；弘扬文化理念的核心地位；重视榜样的作用；积极宣传企业形象与价值理念。社会的发展最终会实现人的全面发展。企业是一种追求效益的经济实体，但要想长远发展，离不开树立以人为本的管理理念。其内容主要包括：一是打造高素质的员工队伍，这是一项长期的基础性工作，企业要对员工的专业技能和职业道德进行综合性培养；二是充分调动员工的工作积极性，企业要多注意关心员工的生活，制定完善的奖励机制，经常与员工进行交流，使员工的工作积极性内化为生产力；三是对外宣传企业的人文关怀，使外部民众认可企业，支持企业的发展。

当下，以人为本是符合时代潮流的，企业要想获得长足发展，必须把经济效益与社会责任充分结合起来，通过加强内部管理，实现经济效益和社会效益的提升。

从企业管理的层面来看，在相关企业文化理论的指导下，企业管理突破了单纯的理论限制，更有层次性，更富有文化色彩与人情味。在这种理论的指导下，企业文化成了被管理的对象。通过对企业哲学、价值观以及精神的深入研究，企业文化可以为企业的发展、决策以及管理提供新内容和新方向，有助于企业管理者培养良好的企业风气，营造浓郁的企业文化氛围，提高企业自律能力，形成企业价值体系。所以，在企业的文化建设中，我们不能完全用经济效益去衡量其价值，它所发挥的作用主要是隐性的，要配合其他方面的工作才能真正发挥作用。

管理顾名思义就是"管"与"理"的有机统一，企业要想达到管理的最佳效果，就必须协调、解决好二者之间的关系。

从某种程度上讲，企业文化决定了一个企业的规模与特色。在当下市场经济竞争日趋激烈的背景下，企业能否进行准确定位关乎其未来发展，而企业文化是在企业的责任、追求以及发展史的不断积累下产生的，就像生命基因一样，反映了企业的风格和面貌，决定着企业的未来。

企业文化的建设没有固定模式可循，也没有成功经验可以照搬照抄。企业文化的生命力就体现在其独特性上，从某种程度上讲，企业的人格即为企业文化，是企业对当前社会综合考虑后对自身角色的一种规划与设计，体现了企业的形象和个性认识。所以一味地照搬照抄是行不通的，企业必须充分考虑国内外市场需求，结合企业自身实际，培养体现自身特色的企业文化。

第三节 企业文化管理的作用

一、企业文化管理通过塑魂工程，营造独特的文化氛围，增强企业凝聚力，树立企业良好形象

企业文化是一种独特的文化氛围，其实质就在于以企业价值观、企业精神为核心，产生群体认同的良好氛围。管理就是倡导一种价值观念，引领人们以这种价值观念去工作、生活，从而促进物质文明与精神文明的双重进步。当今社会，形象已成为重要的无形财富，良好的企业形象可以吸引人才、吸引资金、产生凝聚、提高效益。企业文化的塑魂工程主要通过以下手段实现：一是注重对企业家精神、管理风格的提炼宣传；二是注重理念文化的核心地位；三是通过榜样的典型示范作用倡导企业精神，形成企业认同；四是注重传达企业价值理念，宣传企业形象。

二、坚持以人为本，促进企业健康持久地发展

社会的发展以人的全面发展为目标。在世界范围内，制定的各项法律制度、规章都是以有利于人的发展为目标的。企业是创造经济效益的实体，必须确立以人为本的管理思想，把理解人、尊重人、激发人落到实处。具体内容包括：首先，提高员工队伍的整体素质，包括员工的理想信念教育、员工道德建设、员工知识技能培养，这是一项综合性、基础性的工作。其次，把调动员工的积极性作为主要任务，包括生活关心、行为鼓励、感情交流、心理调节等，目的在于有效激发员工在自身岗位上的积极性和能动性，创造性地搞好各项工作，这是企业现实的生产力。最后，企业应使作为企业服务对象的外部公众体验到企业的人文胸怀，产生支持行为，使企业得以持续发展。坚持以人为本是社会发展的大趋势，企业应在创造经济效益的同时不断关注社会的进步和发展，为人类的发展、社会的进步做出贡献，做到软硬管理结合、物质与精神共进、社会效益与经济效益共同发展。

三、加强管理的针对性、有效性

企业文化理论对企业管理的主要贡献，在于突破了原有的纯理性管理理论

的框架，从文化的角度审视、完善管理，使企业管理更富有整体性、人情味和文化色彩。这种理论把企业中的文化因素作为管理对象，深入研究企业精神、价值观念、经营哲学、企业形象塑造、传播及互动体制，为企业的战略决策、组织机制、人力资源等职能管理提出新的途径和方法，为管理者构建企业价值体系、营造文化氛围、培养企业风气、提高自律能力提供软工具。因此，我们不能完全用经济标准衡量企业文化建设，其作用是隐性的，要通过其他机制的共同运作才能实现。管理是"管"和"理"的结合，企业文化就是解决"理"顺、"理"好的问题，最终达到有效管理的目的。

四、企业文化是企业鲜明个性之基因

一个企业能做多大，一个企业能否有鲜明的特性都取决于企业文化。在市场经济的激烈竞争中，企业的准确定位具有极其重要的作用。企业文化是在企业的发展历史、价值追求、使命责任的基础上形成的，类似于生命基因，决定了企业的面貌、风格，预示着企业的成长趋势。

企业文化建设没有固定的模式，即使是他人的成功经验也很难复制。企业文化的生命力在于鲜明的个性。企业文化就是企业的"人格化"，就是企业根据社会进步和经济发展程度对自己所扮演的社会角色的设计，是对企业自身形象的塑造，是对企业个性认识的觉醒过程。没有这一认识，照抄照搬他人的经验，企业文化建设是很难成功的。任何先进的管理经验都有一个与本民族、本企业结合的过程。运用已有的企业文化，不断吸取、融合世界上一切先进的管理经验，企业文化管理才能卓有成效。

第四节　企业文化管理应遵循的原则

一、普遍原则

企业文化管理的一般原则以企业的共性作为前提，是各企业进行文化建设和文化改革时应遵循的共同原则，主要包括：

1. 共同的指导思想。坚持正确的政治方向

以马克思主义、毛泽东思想、邓小平理论、"三个代表"重要思想、科学发展观、习近平新时代中国特色社会主义思想为指导思想，坚持正确的政治方向。

2. 明确企业文化管理的目标，突出个性特色

企业文化管理目标及其相应的文化体系应突出文化个性。个性是文化的力量所在，具有鲜明个性的企业文化，有最直接的社会文化标识。众多的企业文化面向社会，社会最先发现并承认的是具有鲜明个性的企业文化。没有个性的企业文化可能淹没在浩瀚的企业文化海洋之中，无人知晓。

3. 强调企业文化管理的主体性，建设有中国特色的社会主义企业文化

我国创立企业文化，完善企业管理机制，是在参照外国模式的情况下进行的。对于外来的理论和实践，我们需要结合自己文化的特点，坚持自己文化的特色，不能简单地照搬。承袭民族文化传统，是坚持企业文化管理主体性的重要内容。企业是存在于客观现实环境中的，结合国情了解企业的现实条件和基础，是创立企业文化的客观前提。这两方面的主客观要求，实际上就是要求中国的企业文化坚持自身的特色。如果我们的企业文化失去民族性，只会在多样化的世界文化之间绕圈子。企业文化管理的主体性，是使我们的企业文化走向世界的根本保证。

4. 强调企业文化的群体性，增强企业员工参与的积极性

企业文化是群体文化，需要企业员工对企业目标、企业哲学、企业价值观、企业精神、企业宗旨、企业道德等进行整体认同。离开整体参与，企业文化将会蜕变为企业阶层文化、小团体文化。

5. 结合企业体制改革，同步进行企业文化改造

我国的企业体制改革目前仍处在实施和深化阶段，有许多工作要做，其中包括结合企业体制改革同步进行文化改造。文化改造涉及整个企业，文化工作需要企业其他方面的配合。因此，把企业体制改革和企业文化改造结合起来，相互协调发展，可以更有效、更迅速地发挥企业文化管理的功能。

6. 企业文化的创立应面向时代，面向未来

企业文化要有超前意识，要有时代感，文化创立要有高起点。企业文化要面向未来，未来企业之间的竞争将是企业文化的竞争。企业的成败直接受到企业员工素质、企业文化力量的影响。科学技术的发展使企业在"硬件"上日益接近，"软件"上的竞争是未来企业的战略重点。改革开放的形势，使我国的企业在面向全国的同时，也在面向世界。只有高起点、高品位的企业文化，才能支撑起现代化的企业，才能使企业在未来竞争中立于不败之地。

二、具体原则

企业文化管理的具体原则是指企业从自身实际出发，坚持自己的个性特色，在未来的生产经营中，以鲜明的、个性化的企业文化来管理企业。

1. 确立企业价值观

企业价值观是企业文化的核心，是创立企业文化的主轴。企业的价值观是以企业为主体的价值观念，是一种企业人格化的产物，主要指企业精神和企业哲学。企业的价值观是在企业的全体成员的个体价值观的基础上形成的，是在对个体价值观进行同化、改造的基础上形成的新价值观。企业的价值观一旦形成，就必然要求企业员工将个人价值观置于其下，遵循共同价值观，以便在此基础上统一企业员工的思想行为，形成企业统一的意志和力量。

文化的力量不仅来源于文化本身，还需要拥有正确文化价值观的人加以实践。因此，企业的价值观需要我们用来指导企业的运行，规范企业行为，从不同的角度对企业员工施加影响。一种价值观的确立不是一蹴而就的，而是需要长期培育的。

2. 促进企业文化与企业经营战略的统一

生产经营是企业的根本任务。企业的其他工作包括企业文化建设都应服从于这个根本宗旨。因此，在企业文化建设中，我们应努力协调、大力促进两者的统一，以企业的根本目标和宗旨统率企业文化建设，以企业文化建设保障企业目标和宗旨的实现。只有这样，企业文化的建设才是方向明确、有动力的，不会盲目，而企业生产经营也会在企业文化的推动下得到更好的发展。

3. 重视人的培育

企业文化作为一种新型的企业管理模式，区别于过去模式的根本原因是以全新的角度认识了人的因素。如果忽视这一点就丢掉了企业文化的精髓。人的因素对企业文化的整体形成至关重要，直接影响如企业精神的形成、企业文化层次的高低以及企业文化能否保证企业在激烈的竞争中立于不败之地等事关企业生死存亡的问题。尊重人、关心人、理解人、爱护人既是创立企业文化的关键，也是其根本宗旨。企业文化既重物更重人，以人为主；既重人力（包括智力与体力）更重人心，以人心为主；既重人力资源开发，更重人的价值实现，以人的价值实现为主；既重人的素质开发，更重人的积极性的发挥，以人的积极性的发挥为主。在一个重视人的企业里，企业将从员工的身上获得多方面的回报。

4. 继承企业优秀的文化传统

企业文化的建设既是一个创立的过程，也是一个不断革新改造的过程。新企业文化并不是建立在一片废墟之上的，原来的企业文化也并非一无是处。各个不同的企业都有自己的文化传统。在创立企业文化过程中，我们不能忽视原有文化的存在。事实告诉我们，如对原有文化持虚无主义态度，则难以创立新的企业文化。

5. 重视企业民主建设

积极的企业文化是建立在民主的价值观与信念之上的。没有企业民主就不可能有促进企业发展的、健康向上的企业文化。企业民主是企业员工广泛参与、创立企业文化的先决条件。只有在和谐民主的氛围中，企业员工才可能感觉到自己被尊重、被理解、被关心、被爱护。这样才能调动企业员工参与创立企业文化的主动性和创造性。没有企业民主，企业文化只可能存在于企业的领导层中，这样企业文化就蜕变成了企业阶层文化。如果在这一阶层仍无民主可言，那么企业文化就会变成个人文化信念。现实告诉我们：企业文化越先进的企业，民主化程度越高，民主表现方式也越多样化。在这样的企业中，约束企业员工行为的最大力量不是等级权力，而是文化价值观念及其中的道德力量、行为规范。

6. 重视树立典型和英雄榜样

典型和榜样，是企业文化的人格化。每个企业的发展，虽然是通过群体的力量来推动的，但是不能忽视群体中卓越的典型事例和英雄模范人物的鼓舞、带头作用。"榜样的力量是无穷的。"如果一个企业的全体成员都平平庸庸，就难以产生创新，就很难有进取的动力。

7. 重视对企业员工的精神激励

在当今我国的物质生活条件和社会主义市场经济条件下，物质利益无疑是鼓励和调动员工工作热情与积极性的首要因素。但无数事实证明了它并非唯一因素，事实上精神的激励也能产生强大的动力，从而调动员工的工作热情与积极性。

第三章 企业文化的基本结构

企业文化的基本结构包括四个层面，第一层是企业精神文化，第二层是企业物质文化，第三层是企业制度文化，第四层是企业行为文化。其中企业物质文化是企业文化的基础；企业制度文化是企业文化的保障；企业精神文化是企业文化的核心，是企业文化的精髓与灵魂；企业行为文化则是企业文化的具体表现。本章的内容主要包括企业精神文化、企业物质文化、企业制度文化、企业行为文化四个部分。

第一节 企业精神文化

一、企业精神文化的基本内涵

企业精神文化是企业广大员工在长期的生产经营活动中逐步形成的，以企业价值为实质，以企业精神为核心，以企业精神现象为载体的经济文化。企业精神文化是企业在长期生产经营活动中自觉培育形成的，是代表企业风格和企业形象的一种精神风貌。它集中体现着一个企业独特的、鲜明的、具有时代色彩的经营思想和个性风格，是企业在成长和发展过程中，对各方面工作的实践经验的高度概括和科学总结。

企业精神文化建设是整个企业文化建设工程的核心与灵魂。企业精神文化属于企业的意识形态和思想范畴，反映了企业主流心理状态在企业文化中表现出的核心的、实质的意义，具有深层次的、核心地位的文化优势，是企业发展的内在活力。它统领着整个企业文化建设的走向与发展，企业文化的其他层次都是它的外在表现。

企业精神文化是企业文化的重要组成部分，是企业文化的精髓和核心，是从属于企业文化的一种子文化。它不可避免地受到企业文化的影响和制约。

企业精神文化的实质是企业价值观。一个企业有了共同的价值观念，就意味着企业员工在思想上实现统一，这个企业就能够朝着一定的方向集中运用力量，企业家做出的决策就会迅速变为全体员工的行动。企业精神文化的核心是企业精神。企业精神是企业经营管理实践的总结。它概括了企业的目标，员工的价值观念、道德规范、行为取向等方面的内容，是激励和约束员工思想和行为的无形力量，体现了企业精神文化的典型特征。

企业精神文化是以精神现象为载体的观念文化，是企业的精神支柱，是企业文化的精髓，也是企业生产经营活动的指南。企业精神文化所反映的是企业群体的理想和目标，体现了企业的发展方向和经营宗旨。企业的价值观反映了企业劳动者的人生观和世界观。企业的行为准则反映了企业劳动者在生产技术经营活动中的价值取向，并给予企业员工心理上的约束和行为上的规范。

二、企业精神文化的作用

形象一点说，企业文化建设就如同一支军队，企业精神文化就是军心，是军队投入战斗的指导思想，是最重要的部分，如果指导思想错了，那肯定是要打败仗的。而企业行为文化则是军纪，是军队取得战争胜利的重要保证。企业制度文化是军旗，是军队所到之处的形象标志。企业物质文化是基础，是整支军队的物资保障。因此，企业精神文化建设在企业文化建设中具有"龙头"的作用，具有其他企业文化所没有的特殊功能。

（一）上层建筑功能

企业精神文化是属于人的意识形态、思想范畴的概念，反映了企业的主流或主体心理状态。它是企业在生产经营过程中，在一定的社会文化背景、意识形态影响下形成的一种文化观念和精神成果。如果说企业的物质财富以及与之相关的经营活动是企业的经济基础的话，那么，企业的精神文化建设就是构筑企业上层建筑的过程。因此，在企业文化建设的过程中，企业精神文化建设具有上层建筑的功能。

（二）主导功能

企业精神文化在企业文化中表现出"主要的、核心的和实质的意义"。企业精神文化是由企业精神力量形成的一种文化优势。所谓优势，就是一个群体内诸多力量通过最佳组合而形成的一种优于别人的主体性力量。一个企业的精神文化最能体现一个企业的实质特征。这不仅因为精神文化是企业最深层次的文化，更因为精神文化深深地植根于企业员工的心中，是群体文化长期沉淀的结果。特别要强调的是，精神文化是企业文化的核心文化。居于核心地位，一方面主导和决定着其他文化的变化和发展，另一方面又是其他文化的结晶与升华。可以说在企业文化建设的系统工程中，企业精神文化建设发挥着主导功能，主导着企业文化其他层次的建设。

（三）活力功能

企业精神文化是企业的内在活力，活跃而有生气。企业活力来源于人，来源于人的积极性，只有人的积极性被调动起来了，才能使企业充满活力。而人的积极性的调动，往往又受到精神的影响。因此，这种精神就是企业内在的活力。企业有了这样的活力，才能变得活跃而有生气。因此，企业精神文化建设在企业文化建设中具有活力功能。

（四）灌输功能

企业应该在调研考察、诊断评估的基础上，对包括企业使命、企业宗旨、企业目标、企业核心价值观、企业精神、企业经营理念、企业风格、企业用人思想的企业价值理念进行发掘、总结、提炼和升华，因地制宜地引入当代前沿的先进理念，形成独具特色的，有科学性、现代性、系统性、统一性的企业价值理念。目前国内对企业精神文化建设的研究绝大多数是关于发掘、总结、提炼和升华企业文化的过程和方法的。提炼得到的价值理念可以促进企业的发展，但仅是书面的东西。如何把它灌输给企业的管理人员和员工，如何让它不再是老总办公桌上的一个文件，而是成为真正被企业所有员工接受并信奉的价值理念，是企业精神文化建设的关键问题。因此，企业精神文化建设还具有灌输功能。

三、企业精神文化的内容

企业精神文化作为企业群体共同具有的志向、决心和追求的综合体现，包含着丰富的内容。具体如下：

（一）企业哲学

企业哲学是企业理论化和系统化的世界观和方法论，是一个企业全体员工所共有的对事物的看法。它指导着企业的生产、经营、管理等活动，指导员工正确处理人际关系。因此，企业哲学是对贯穿于企业各种活动的规律的认识。从一定意义上讲，企业哲学是企业最高层次的文化，主导、制约着企业文化的其他内容。

企业哲学是企业人格化的基础，是企业形成自己独特风格的源泉，是企业的灵魂和中枢。从根本上说，企业哲学是对企业进行总体设计、总体信息选择的综合方法，是企业一切行为的逻辑起点。不同的企业具有不同的观念，也就形成了不同的观念体系，从而产生了不同的企业哲学。企业哲学不同，企业建设与发展也必然不同。作为企业哲学，包含着新的观念，如系统观念、物质观念、动态观念、效率和效益观念、风险和竞争观念、市场观念、信息观念、人才观念等。这些观念是形成企业哲学的基本思想。每个企业应该在共同的观念下，发展和创造自己独特的、有价值的企业哲学。

（二）企业价值观

企业的价值观念就是企业领导者和全体员工对企业的生产经营活动和企业中人的行为是否有价值的总的看法和根本观点。企业价值观包括企业存在的意义和目的，企业各项规章制度的价值作用，企业中人的各种行为和企业利益的关系等。企业价值观是企业精神文化的重要组成部分，为企业的生存和发展提供了基本的方向和行动指南，为员工形成共同的行为准则奠定了基础。企业精神文化的构建需要树立企业价值观。企业的活动从根本上说，是企业价值观对员工群体的感召力、向心力的表现。这种价值观常表现为一种崇高的目标和宏大的抱负，激励企业员工形成强烈的集团意识和归属感。一个企业一旦建立一套为员工群体所认同的价值体系，就会使员工自觉地按要求从事生产经营活动。

（三）企业道德

企业道德是企业在长期的生产经营活动中形成的，调整企业之间、企业与其成员之间、成员与成员之间、企业成员与客户之间关系的行为规范的总和。企业道德是企业的规范性文化，是调节人们行为的一种手段，和企业的规章制度相对应。它们的区别在于规章制度是显性的，是硬性的管理，是靠强制力来保证其实施的；而企业道德则是隐性的，是软性的约束，是靠人的自觉性来保证其实施的。因此，企业道德是调节企业之间、企业成员之间、企业与其成员之间、企业与客户之间关系的重要手段。企业道德的功能是通过两方面来实现的：一方面通过舆论和教育等方式，影响企业成员的心理和意识，使企业成员形成善恶观念、内心信念；另一方面通过舆论、传统习惯等形式，使之成为约束企业及其成员行为的原则和规范。因此，企业道德既表现为一种善恶的评价标准，又表现为一种行为的判断标准。

（四）企业精神

企业精神是企业员工在长期的生产经营活动中，在企业哲学、价值观念和道德规范指导下形成的企业群体的共同心理状态和价值取向，是企业的企业哲学、价值观念和道德观念的综合体现和高度概括，反映了全体员工的共同追求和共同认识。它包括坚定的企业追求、强烈的团体意识、正确的激励原则、强烈的社会责任感、科学的价值观和方法论。企业精神是企业精神文化的高度概括，是构成企业精神文化的核心内容。企业精神是企业素质的综合性反映，具有巨大的鼓舞作用和强大的凝聚力。

（五）企业目标

企业目标就是企业在一定时期内以一定的质量指标和数量指标形式表现出来的最佳物质成果与精神成果，是企业要达到的目的，是企业员工努力争取的目标。企业目标是企业员工理想和信念的具体化，体现了企业的执着追求，是企业精神文化建设的动力源。

（六）企业形象

企业形象是社会大众和企业员工对企业的整体印象与评价。毫无疑问，作为一种文化现象，企业形象是企业与消费者、相关企业以及有关部门进行物质、信息交换过程中形成的"系统效应"。企业在社会活动中给社会各界留下印象，引起评价，进而形成文化认定。企业形象从整体上体现了企业的声望，反映了社会对企业的认可程度。由于视角的不同，评价与认定的尺度不同，企业形象可分为内部形象与外部形象、表层形象与深层形象、实值形象与虚值形象等。它们是内在机理统一的同一事物的两面。企业形象作为企业精神文化的一个重要构成部分，对企业的日常工作、企业的生产经营和发展具有不可或缺的作用。良好的企业形象，对内可以产生强烈的凝聚力、向心力和感召力，对外可以使公众充分信赖企业。企业形象是企业经营成败的重要因素。

（七）企业风尚

企业风尚是指一个企业的成员所表现出来的行为特色，是企业成员的愿望、理念、情操、趣味、传统、习惯等心理特征和道德观念的表现。它是在企业精神和道德准则影响下形成的，直接反映了企业精神和企业道德水平。所以，企业风尚既是企业精神文化的综合体现，又是构成企业形象的基本要素。如果一个企业具有强大的生命力、竞争力，就会表现出良好的企业风尚。所以，一个具有开拓精神、创新精神、进取精神、求索精神，并能与成员和睦相处的企业，一定会形成一种积极向上、民主和谐的企业风尚。

四、企业精神文化的建设方法

企业精神文化建设和思想政治工作都属于思想的范畴，如宣传手段、评比竞赛方法、情感激励法、对非正式组织的正确引导、树立典型等思想政治工作方法都可以在企业精神文化建设中加以运用。

（一）运用思想政治工作方法实施企业精神文化建设的意义

运用思想政治工作方法可以提升企业精神文化建设的效果，从而提升企业文化建设的效果。从管理的本质上讲，企业文化是企业管理的灵魂。现代企业的主体是人而不是物。正如人创造社会一样，企业员工也共同创造了企业。离开了人，离开了人的努力奋斗，企业既不可能生存，也不可能发展。在企业中，人的素质、热情、积极性和献身精神是宝贵财富和资源。因此，现代企业管理的核心是人。而企业管理的本质也就是围绕对人的管理而产生的管理方法，通过促进企业成员的发展而使企业发展。企业文化也正是通过做好人的工作而使企业产生核心的竞争力，促进企业的发展。我国的思想政治工作最擅长的就是做人的工作，对如何做好人的工作有一整套完善的理论和具体的实施方法。运用思想政治工作的方法进行企业精神文化建设，可以提升企业精神文化建设的效果。

（二）利用思想政治宣传实现企业价值理念的灌输

宣传手段在企业精神文化建设中的作用是非常巨大的。企业精神文化也属于思想的范畴。在进行企业精神文化建设的时候，企业可以利用报纸、书籍、杂志、电影、电视、广播、互联网等主要宣传媒体，充分发挥宣传的作用，统一广大员工的思想，使员工的价值理念与企业所倡导的价值理念相一致。

宣传形成舆论、引导舆论的功能对企业精神文化建设有直接的影响。企业精神文化建设充分利用各种媒介传播企业所倡导的价值理念，多种宣传媒体在连续的时间传播一致的价值理念，就会把人们的注意力吸引到一起，引导人们按照企业倡导的价值理念思考问题。同时，宣传手段可以帮助人们从其他价值理念的束缚中摆脱出来。企业通过与所倡导的价值理念一致的舆论，批判与其不一致的价值理念，从而形成统一的价值理念。因此，我们在企业精神文化建设中运用宣传手段是非常有必要的。

（三）利用评比竞赛法实现企业价值理念的培养

评比竞赛法是企业组织员工相互竞争，激励他们奋发向上的一种方法。因为评比竞赛是有一定目标的优劣之争，可以激发人争强好胜的心理情绪。在思想政治工作中，举办各种先进的评比，开展各种竞赛，在潜移默化中向员工灌输政治理念是一种非常常用的方法，比如，优秀党员、先进党支部、先进生产工作者等。

企业精神文化建设的工作对象也是人，也就是说企业精神文化的工作对象也具有争强好胜的心理情绪，所以在进行企业精神文化建设的时候，我们也可以利用人们争强好胜的心理特点，充分利用评比竞赛法，使员工在潜移默化中接受企业倡导的价值理念，使案头价值理念转变为实践价值理念，提升企业精神文化建设的效果。

评比竞赛可采取多种多样的形式，既可以在团体之间开展，也可以在个体之间进行。从内容方面看，评比竞赛可进行单项赛，也可以进行综合性评比。企业精神文化建设采用评比竞赛法，要注意以下几点：

首先，评比竞赛要有明确的目的性。企业精神文化建设开展评比竞赛活动，为的是把案头价值理念转化为实践价值理念，因此评比竞赛活动要围绕企业所倡导的价值理念来进行，设计好内容、形式、规则等。

其次，评比竞赛的条件要具有明确性。评比竞赛活动的开展是在一定条件下进行的，这些条件是竞赛参与者必须遵守的，也是评判的依据。这些条件必须明确具体，使参与竞赛者和参与评判工作的人都能够理解和掌握。这样既有利于竞争者明确努力方向，也有利于评判者掌握评比标准，使评比竞赛工作少走弯路，顺利地开展和进行。如果评比竞赛条件模棱两可，可以做多种解释，就容易产生认识上的分歧。这不仅使参加竞争者难以掌握其要求，还容易使评比工作出现差错，影响价值理念转化的效果。

再次，评判要公正。评判是评比竞赛法的最后环节，不但影响这种方法的整体效能，还会影响员工对这种方法的态度。也就是说如果评比是公正的，如实反映了参赛者的实际水平，那么不仅能给优胜者以鼓舞，也能给其他员工以鞭策，促使广大员工向优胜者学习。如果评判不公正，真正的优胜者被淘汰，而水平一般者却被评为先进，就会使参赛者产生被蒙骗的感觉，不仅不利于调动员工的积极性，还会使价值理念转化的效果受到很大影响。所以评判者要把握好标准，秉公评议，尽力做好评判工作。

最后，奖励优胜者。奖励优胜者也是对员工的有效鼓励，为充分发挥奖励对员工的激励作用，企业在制订评比竞赛计划时就要考虑奖励的方式方法，并连同竞赛的条件一起公布于众，使其成为推动员工参加评比竞赛的动因。奖励可分为精神奖和物质奖。

（四）运用情感激励实现企业精神文化建设

情感激励是一种以联络人的积极感情为基础的管理方式和管理过程。通过关心人，帮助人，尊重人来协调企业中的人际关系，调动员工的积极性。

企业在精神文化建设的过程中，如果能利用好情感激励的方法，将会对价值理念的转化产生很大的促进作用。在企业精神文化建设中运用情感激励法，企业管理者要对员工进行情感投入，关心、帮助、尊重员工，拉近管理者与员工的距离，打开员工的心灵大门，使员工从心理上接纳管理者，从而调动员工的积极性。管理者倡导的价值理念借助感情的作用也更容易被员工所接受，使企业精神文化建设的效果更为显著。

（五）引导非正式组织促进企业精神文化建设

企业在精神文化建设过程中，引导和控制非正式组织要注意以下几点。

1. 巧妙利用人性化管理技术

企业是由人组成的，人性是联结人群的纽带。人性化管理就是合理利用人的心理因素或精神状态来取得最佳的工作效率。企业管理者必须清醒地认识企业员工的情绪、心理和人际沟通方式对管理绩效的重大影响。经验表明，企业的信息沟通往往在非官方的场合中互动性更强。也就是说，企业管理者在与员工接触中应多一些人情、人性，真心与员工交朋友，了解员工的疾苦，解决员工在学习、工作、生活中的实际问题。

2. 学会平易近人的交流方式

企业的劳动分工是一种自然方式，由行政关系而形成的心理距离，使企业的管理者为员工所敬畏。管理者只有主动与员工接触，才能使员工消除对领导的恐惧、顾虑和防备。这样才能使管理者更容易加入"非正式组织"中，对员工的种种情绪反应有真切的了解和把握，从而更容易对"非正式组织"施加影响。

3. 善于把握"关键人物"，把握非正式组织的枢纽

首先是中层干部。他们往往对一部分人施加着影响，在一定范围内有较大的影响力。企业放弃他们就等于舍本逐末。其次是秘书与助理。他们不仅了解企业业务，还对各种传闻及各类事件的来龙去脉知之甚多，完全可以起到桥梁的作用。最后是非正式组织中的"情绪领袖"。他可能是一个很普通的工人，却对群众舆论有着极大的影响力，管理者的任何一个不慎之举，都可能招致意

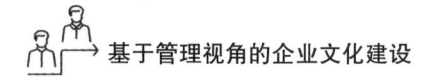

想不到的严重后果。因此，管理者必须重视这种情绪领袖，并与之保持沟通，争取在一些棘手问题的处理上得到他们的理解和支持，使他们与企业的目标保持一致。

（六）树立典型，培育企业价值理念

典型示范方法是以典型人物、典型事例教育和鼓舞人们，以促进各项工作开展的一种方法，是企业思想工作中最常用的方法之一。在企业精神文化建设中，研究和运用典型示范方法具有极其重要的意义。

在实际工作中，企业需要培养和树立不同的典型。从典型的主体划分，有个人典型、集体典型；从典型的内容划分，有单项典型、综合典型；从典型的影响面划分，有社会典型、行业典型、单位典型；从典型的价值判断划分，有正面典型和反面典型。

企业精神文化建设运用典型示范法，就是把价值理念的内容寓于典型的人和事之中，通过对典型事件和模范人物的宣传，把抽象的价值理念变成具体生动的形象，从而起到转变员工价值理念的作用。典型示范的形象具体、生动、直观，便于引起人们思想感情上的共鸣。任何典型都是个别的、具体的，生活在周围的人们可以直接接触他。有关典型的宣传很容易得到人们的认同，使人们形成较为深刻的印象。同时，人是有感情、有理智的，大多数人的心理情绪总是积极向上的。即使是比较消极落后的人，往往也具有某种程度的积极心理因素。因此，生动直观的典型事迹必然引起人们思想感情上的共鸣。这种共鸣又将潜移默化地促进人们价值理念的变化。因此，企业在精神文化建设中应当运用好典型示范法。

第二节　企业物质文化

企业物质文化作为企业文化的重要内容之一，具有重要的作用和意义。企业物质文化是企业文化的基础和前提，是企业文化建设和发展的载体。可以说，企业物质文化就像人的身体、躯壳，如果人没有了身体、躯壳，那么人的思想、精神和灵魂是不可能存在的。

一、企业物质文化的基本内涵

企业物质文化是企业其他文化的基础和载体。空中楼阁式的企业文化是不存在的，即使存在也只是企业所想象的美好蓝图而已。建设企业文化的第一步

必然是建设企业的物质文化。企业物质文化建设的广度和深度决定着企业其他文化建设的程度和质量。

企业物质文化一般是指企业内部所形成的具有物质性的文化形态，是企业发展所必需的物质层面的文化形式和内容。企业物质文化的内容主要包括三个方面。第一，企业发展所必需、必备的基础性的设施、场所及环境，具体包括企业的场地、企业的厂房、企业的生产和办公场所、企业的生产机器和设备、企业的办公设备、企业的办公环境、企业的信息系统、企业的安全消防设备和企业的交通设施等。第二，企业发展过程中用来满足企业发展需要和员工需要的物质条件和环境。例如，企业的食堂、企业的住宅房、医疗机构、培训和学习机构、图书馆、博物馆、纪念馆、科技馆、运动场所、休息场所、娱乐场所、办公区域、购物场所、停车场所等。第三，企业生产的产品和建设的品牌等。企业的产品、服务和品牌等是企业物质文化的主要内容，包括企业的核心产品、企业的特色产品、企业的主要服务、企业的品牌形象和品牌文化等。例如，联想的核心产品是电脑，沃尔玛的主要服务是提供饮食，而"联想"和"沃尔玛"这两个名称就是具有强大影响力的品牌。

二、企业物质文化与企业文化的关系

企业文化的主要内容或结构有四个层次，即企业的物质文化、企业的行为文化、企业的制度文化和企业的精神文化。其中，企业物质文化是企业文化的基础，是企业文化的重要内容之一，是建设企业文化的前提和载体。企业物质文化是企业行为文化、制度文化和精神文化建设的基础和保障。例如，企业如果没有基本的生产设施、运作设备和发展环境，那么其他文化的建设就是空中楼阁。企业物质文化是企业文化建设的第一步，也是最重要的一步。企业物质文化建设的丰富程度、坚实程度、完整程度影响着其他企业文化的建设。

企业物质文化的建设为其他文化的建设奠定了坚实的物质基础，提供了有力的物质保障。而其他企业文化能够为物质文化的建设和发展提供更科学、更合理的行为规范、制度保障和发展理念。例如，企业的行为文化可以约束和调节企业员工对企业物质文化的科学建设、科学发展和对企业物质文化资源的合理利用和保护。企业的制度文化可以为企业物质文化建设提供科学合理的制度支持和制度保障。作为企业文化的核心，企业的精神文化可以引导和指导企业全体员工加强企业物质文化的建设，让员工更好地认识和理解企业物质文化的重要性和作用。

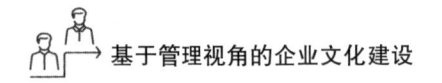

总之，企业物质文化是企业文化的基础和载体，是企业其他文化建设和发展的重要物质基础和物质保障。

三、如何建设企业物质文化

企业文化建设的首要步骤是企业物质文化建设。企业对物质文化的建设，要按照一定的原则、目的和方法来进行。

（一）企业物质文化建设的原则

1. 经济性

企业物质文化的建设是需要资金支持的，是需要耗费成本的。在建设企业物质文化的过程中，企业要根据经济能力适度而行，不能盲目建设、盲目发展，否则会影响企业的正常生产、发展活动。

2. 渐进性

事物的发展不是一蹴而就的，而是随着时间的推移逐渐向前进行。企业物质文化的建设同样不能急功近利。企业要优先建设企业发展必需的设施，在能够保证企业正常发展的基础上，对其他物质文化进行逐步建设。

3. 长期性

企业物质文化的建设是一个长期性的"工程"，是在企业的发展过程中不断完善形成的。

4. 系统性

企业是一个完整的系统，企业物质文化建设也是一个系统的工程。这种系统性是相对的，不同企业具有不同的建设系统和发展系统。

5. 独特性与创新性

企业的发展模式是不尽相同的，企业的文化也是不尽相同的，各有各的特点，各有各的创新。企业物质文化的建设决不能一味地模仿。企业物质文化的建设要有自己的风格，有自己的创新之处。

（二）企业物质文化建设的作用

企业物质文化的建设对企业的发展和社会的发展有着重要的作用和意义。对企业来说，一方面，物质文化建设可以满足企业获取经济利益的要求，可以保证企业发展目标的实现，可以满足广大员工的工作、生活需要；另一方面，企业物质文化的建设可以为企业其他文化的建设和发展提供坚实的物质基础和物质保障。对社会来说，企业物质文化建设可以促进社会物质文明建设的发展，丰富社会物质文明建设的内容，保证社会的和谐发展。

（三）企业物质文化建设的措施

1. 建设企业发展所必需的物质文化

企业的发展要有完善的生产设施，要有齐全的办公条件，要有必需的信息系统，要有必需的生活娱乐场所等。企业所必需的物质文化一定要建设完整和齐全，在以后的发展过程中可以对其他的物质文化逐步进行建设和发展。

2. 生产企业的核心产品，提供企业的主要服务

企业的产品和服务是企业获取经济利益的主要来源，是企业发展所需资金的主要来源，关系着企业的繁荣和衰亡。所以，企业要加强核心产品的生产，寻找更多的市场空间，提高产品质量，提供更优质、更丰富的服务。

3. 建设企业独特的品牌文化

企业知名度、企业影响度、企业产品服务的质量很大程度上取决于企业独有的品牌。无论是生产制造型的企业，还是提供生活服务的企业，都要打造属于自己的品牌，通过高质量的产品和良好的服务来提升企业的品牌影响力和感染力。建设企业独特的品牌文化，能使企业获得更多的无形资产和市场空间。例如，"海尔"品牌文化、"联想"品牌文化和"华为"品牌文化就是一种无形的财富。

4. 为员工建设所需的物质文化

良好的办公环境和生活环境可以满足员工更高层次的物质需要，可以调动员工工作的积极性，激励员工更加努力地工作，从而提升企业的效益。

总之，企业物质文化是企业文化的基础和载体，是企业其他文化建设的重要物质基础和物质保障。

第三节　企业制度文化

在企业中，企业制度文化是人与物、人与企业运营制度的结合部分，是人的意识与观念的反映，由一定的物质形式构成。同时，企业制度文化还是精神和物质的中介。制度文化既是物质文化的固定形式，又是塑造精神文化的主要机制和载体。这种中介、传递功能使企业制度文化在企业文化的建设中发挥重要作用。

一、企业制度文化概述

企业制度文化是企业为实现自身目标对员工的行为给予一定限制的文化，具有共性和强有力的行为规范作用。企业制度文化的规范性是一种来自员工自身以外的、带有强制性的约束力，规范着企业每一个人的行为。企业工艺操作规程、厂规厂纪、经济责任制、考核奖惩制度都是企业制度文化的内容。企业制度文化作为企业文化中人与物、人与企业运营制度的中介和结合部分，是一种约束企业和员工行为的规范性文化，使企业在复杂多变、竞争激烈的环境中处于良好的状态，从而保证企业目标的实现。

（一）企业制度文化的构成

企业制度文化主要包括领导体制、组织机构和管理制度三个方面。企业领导体制的产生、发展、变化，是企业生产发展的必然结果，也是文化进步的产物。企业组织机构是企业文化的载体，包括正式组织机构和非正式组织机构。企业管理制度是企业在进行生产经营管理时所制定的、起规范保证作用的各项规定或条例。

1. 企业领导体制

企业领导体制是企业领导方式、领导结构、领导制度的总称，其中主要是领导制度。企业的领导制度受生产力和文化的双重制约，生产力水平的提高和文化的进步会产生与之相适应的领导体制。不同历史时期的企业领导体制，反映着不同的企业文化。在企业制度文化中，领导体制影响着企业组织机构的设置，制约着企业管理的各个方面。

2. 企业组织机构

企业组织机构是指企业为了有效实现企业目标而筹划建立的企业内部各组成部分。如果把企业视为一个有机体，那么组织机构就是这个有机体的骨骼。因此，组织机构是否适应企业生产经营管理的要求，对企业的生存和发展有很大影响。不同的企业文化有不同的组织机构。影响企业组织机构的因素不仅包括企业制度文化中的领导体制，还包括企业文化中的企业环境、企业目标、企业生产技术及企业员工的思想文化素质等重要因素。企业对组织机构形式的选择，必须有利于企业目标的实现。

3. 企业管理制度

企业管理制度是企业为求得最大效益，在生产管理实践活动中制定的各种有强制性义务、能保障一定权利的规定或条例，是企业制度文化的核心。企业管理制度是实现企业目标的有力措施和手段。它作为员工行为规范的模式，使员工个人行为得以合理进行，同时又成为维护员工共同利益的一种强制手段。因此，企业各项管理制度是企业进行正常生产经营管理所必需的，是一种强有力的保证。优秀的企业文化管理制度必然体现了科学、完善、实用的管理方式。

（二）企业制度文化的性质

作为企业文化中人与物、人与企业运营制度的中介和结合部分，作为一种约束企业和员工行为的规范性文化，企业制度文化能够使企业在复杂多变、竞争激烈的环境中处于良好的运转状态，从而保证企业目标的实现。

企业制度文化是企业文化的重要组成部分，与精神文化和物质文化相辅相成、密切联系。制度文化是精神文化的产物，必须适应精神文化的要求。制度文化又是精神文化的基础和载体，并对企业精神文化起反作用。物质文化是制度文化存在的前提，一定的物质文化能产生与之相适应的制度文化。正确处理企业制度文化和其他企业文化的关系，对于提高企业管理的质量具有重要意义。

企业组织机构直接依赖于企业规模的大小、生产经营的复杂程度和管理职能的特点。企业组织机构要有助于实现各项制度的目标。企业完全能够构造一个所有管理功能相互联系的正式模型以及与之相适应的企业制度文化，从而大大提高管理的效率。

现代化的生产设备要求形成一套现代化的管理制度，制度文化要随着物质文化的变化而变化。企业劳动环境和生产产品发生了变化，企业的组织机构就必须做出相应的变化，否则就不能发挥其应有的效能。根据科学原理构建的企业组织机构能够保证企业管理系统发挥作用并激发其发展潜力。那些在企业自身运转中已经落后了的、不能满足管理对象需要的组织机构则可能成为企业管理系统发挥作用的障碍。为了使企业各子系统的运行保持协调一致，企业必须经常改变组织机构以适应新要求。

二、企业制度文化建设的思考

（一）制度建设同精神文化的一致性

企业文化系统中的精神文化具有决定性作用。同精神文化相一致的制度文化能够强化企业文化的作用；反之，同精神文化相背离的制度文化则会减弱企业文化的作用。因此，制度文化的诊断、提炼和创新，都要以企业精神、价值观作为指导思想，要契合企业经营管理理念并充分体现企业理念。企业制度归根结底受价值理念的驱动与制约。企业制度的形成与变化均源于企业对制度的某种需求，这种需求正是企业价值理念的一种具体表现。只有认为制度有价值时，企业才会去制定或修改该项制度。至于价值何在、价值大小，不同企业有不同的认知和理解。这些认知与理解同样也是企业价值理念的一个构成部分。不同企业对制度的认知和理解不同，使完全相同的制度可能出现截然不同的效果。在企业制度文化建设中，企业要审视各种制度是否以企业的根本性需求为基础，是否与企业最本质的目标相联系。俗话说："没有规矩，不成方圆。"制度文化建设是企业文化的骨架部分，任何一个企业离开了制度都会成为一盘散沙。制度是一个企业基本观念的体现，反映了企业对社会、对人的基本态度，因此制度又不是随心所欲、不受任何制约的。并非所有的规章制度都是企业文化的内容，只有那些符合企业价值观要求、增强企业向上精神、激发员工积极性和自觉性的管理制度，才属于企业文化的内容。因此，我们判断一条规章制度是不是企业所需要的、一条规章制度是不是需要调整乃至摒弃的，标准只有一个，即该制度是否同企业价值观、企业精神相一致，是否有利于企业价值观、企业精神的提升。

（二）制度建设与"以人为本"

制度对于企业的意义在于通过建立一个使管理者意愿得以贯彻的机制，使企业管理中的矛盾由人与人的对立弱化为人与制度的对立，从而更好地约束和规范员工行为，减少对立或降低对立的尖锐程度，逐渐形成有自己特色的企业文化。然而，管理制度要成为具有本企业特色的文化内容，还需要有个前提条件，那就是"得到员工认可"。员工认可是管理制度上升为企业文化的必要步骤之一。把握好这一步骤的关键是把握好制度文化效力点，也就是解决好企业精神、价值观的"柔"与制度化管理的"刚"有效结合的问题。

制度文化的效力点不在别处，而在人的心灵。所以，企业要适当把握企业精神、价值观的"柔"和制度化管理的"刚"，必须坚持"以人为本"。如何在保证制度顺畅执行的前提下，尽量减弱人与制度之间的对立，是企业制度文化建设中必须注意的问题。这个问题的实质就是如何在企业制度文化建设的过程中坚持"以人为本"。企业鼓励员工参与企业各项制度的制定工作，倡导民主管理制度和民主管理方式，是坚持"以人为本"；企业重视各项制度执行中的反馈意见，广泛接受企业员工和广大服务对象的意见、批评和建议，及时做好有关制度的调整工作，是坚持"以人为本"；企业完善公开制度，增加工作的透明度，让员工知情、参政、管事，使企（司）务公开工作更广泛、更及时和更深入人心,也是坚持"以人为本"。实践证明,企业坚持"以人为本",走群众路线,坚持"从群众中来、到群众中去",有利于保证企业各项制度的合理性和可行性。

(三)制度建设是推动企业文化发展的重要手段

制度建设的过程同时也是企业文化相对固化的过程。随着对制度的深入理解和广泛认同,人们在接受制度文化的同时,又会反对与现存制度相悖的文化。这种现象一方面容易让企业拘泥于制度文化,而忽略企业的其他文化;另一方面又会让企业固守现存制度文化,抵制外在文化,从而很难实现吐故纳新。

制度化过程既能促使企业井然有序地运行,也能让企业走上墨守成规的老路。认识制度建设对企业文化发展的利弊,有利于我们在企业文化建设过程中保持清醒的意识,及时采取有效措施,避免相对固化的制度给企业变革带来阻力。在企业变革前,我们要尽量预见变革后企业文化与现有制度文化之间可能存在的冲突,以便策划制度变革的有效方法,在企业变革的同时有计划地实施制度变革。在企业变革后,我们要密切关注原有制度对新文化的负面影响,做到及时纠正、调整。

(四)企业制度文化不是企业文化的全部

管理制度是企业文化的重要部分,但不是全部。根据企业文化的"总和说",企业文化涵盖了企业的物质文化、制度文化、行为文化和精神文化。管理制度是企业文化的一种外在表现形式,体现着企业的内在精神。但企业文化不仅仅局限于制度这一种表现形式,企业的内在精神也不可能完全依靠制度来体现。制度是企业文化的一部分而不是全部的意义,是企业在文化建设中强调制度建设是必要的,但不能仅仅局限于制度,更不能迷信制度建设而忽视企业文化其他部分的建设。企业文化建设不能仅仅局限于完善制度本身,而应同时强调对制度的执行和调整,从而确保制度的科学性、可行性和有效性。

三、企业制度文化的内涵

企业制度文化与过去片面追求经济利益和效率的硬性制度不同,不是孤立运用制度对员工进行强制约束。和谐社会视野下的企业制度文化以企业与员工的和谐为目标,符合建设社会主义和谐社会的总要求,具有企业科学发展的独特适用性,还具有与企业员工共同发展的协调性,以及与社会接轨的时代性和创新性。

（一）以企业与员工的和谐为目标

《中共中央关于构建社会主义和谐社会若干重大问题的决定》强调："社会和谐是中国特色社会主义的本质属性，是国家富强、民族振兴、人民幸福的重要保证。"该决定把和谐作为我国社会主义现代化建设的总体目标。和谐社会视野下的企业制度文化必须体现该决定的精神，以企业与员工的和谐为目标。和谐社会视野下的企业制度文化建设的目的就是使员工自觉遵守企业制度并自愿受其约束。这个目标的实现需要以企业与员工的和谐发展为前提。

（二）符合社会主义和谐社会建设的总要求

构建社会主义和谐社会的总要求是"民主法治、公平正义、诚信友爱、充满活力、安定有序、人与自然和谐相处"。和谐社会视野下的企业制度文化必须符合这些要求。要符合"民主法治"和"安定有序"的要求，企业制度文化必须实现企业制度的民主、完善，使员工的利益得到充分尊重和保障，并逐步实现企业由"人治"向制度化管理的转变。要符合"公平正义"的要求，企业制度文化必须制定管理者以身作则、人人平等的制度。要符合"诚信友爱"的要求，企业制度文化需要提高员工的思想道德素质、科学文化素质和健康素质，促进员工形成良好道德风尚，实现企业劳资关系的和谐。因此，企业制度文化必须符合社会主义和谐社会建设的总要求，并在总要求的指导下进行建设。

（三）符合企业科学发展的独特适用性

社会主义和谐社会的建设必须遵循"坚持科学发展"的原则。企业制度文化既要坚持科学发展观，实现企业的可持续发展，又要具有其独特适用性。任何一个企业的发展都不可能完全相同。企业制度文化是伴随着企业的发展而逐步形成的。所以，它一方面要符合企业的经营和管理需要，坚持科学发展的原则；另一方面要体现企业的文化个性，符合企业的适用性。企业制度文化必须兼具促进企业科学发展和符合企业适用性的功能，才能促使企业员工融入其中。因此，企业制度文化要符合企业科学发展的独特适用性。

（四）与企业员工发展的协调性

"坚持以人为本"是社会主义和谐社会建设必须遵循的原则之一。企业制度文化建设的主体是员工，必须贯彻社会主义和谐社会建设的"以人为本"的原则，坚持以员工为本。企业制度文化要注重员工的发展，充分体现员工的价值，与员工的发展相协调。这样才能更好地平衡企业利益与员工利益，才能更好地促进企业目标和员工目标的实现。企业制度文化与员工发展协调同步，提高员工的综合素质，才能促使企业制度被员工广泛认同和自觉遵守。

（五）与社会接轨的时代性和创新性

企业制度文化的建设离不开和谐社会，而社会主义和谐社会的建设必须遵循"坚持改革开放"的原则。所以企业制度文化必须符合"改革开放"的原则要求，需要具有和谐社会的时代特色和创新精神。

随着社会建设的不断推进，企业制度文化需要不断增加时代内容，使企业适应和谐社会的发展要求，让员工感受到企业在与时俱进，及时保证员工的合理需求。万事万物都是在不断变化发展的，企业制度文化也不是一成不变的，要不断改革创新，吸收和借鉴能促进企业健康发展的经验，让员工感受到改革创新给自己带来的发展机遇，激发员工的工作热情，使员工更好地认同企业文化。

四、企业制度文化建设的途径

制度化的本质是通过制度创新来实现与提高员工对制度的认同，进而最大限度地挖掘员工潜能。从本质上看，制度化就是制度变迁或制度创新的过程。制度创新就是为了提高员工的制度认同度。"认同"就成为创新的直接目的，是衡量新制度好坏的标准。同时，制度认同也是为了挖掘人的潜能。根据制度化的本质及其必要性，企业应该从以下几方面推进企业制度文化建设。

（一）价值观理念化

所谓价值观理念化，就是把企业统一的价值观转变为各个部门、子公司的具体理念。从发生学的角度来看，价值观是"源"，制度是"流"，价值观之"源"转化为制度之"流"，要经历一个过程。企业是一个系统，在它下面还有许多子系统，每个子系统承担着不同的责任，充当着不同的角色。员工在一定程度上可以选择具体角色，却无法选择角色要求。角色要求的差异意味着处于不同角色位置的人在理念上有差异。也就是说，在企业统一的价值观指导下，不同的职能部门和子公司要提出符合自己角色要求的经营理念，同时制定与本部门、子公司经营理念相对应的管理制度。例如，海尔的企业价值观是"真诚到永远"，营销部门据此提出了"先卖信誉，后卖产品"的营销理念，人力资部门提出了"人人是人才，赛马不相马"的用人理念，职能部门提出了"您的满意就是我们的工作标准"的服务理念等。也就是说，没有适用于企业每个子系统的同一理念和制度，各个子系统必须制定相应的理念和制度，才能战略性地实现企业价值。

（二）全面审视制度

全面审视制度是防止"知行不一"的重要方法，否则再先进的价值观和理念也不能发挥作用。在企业管理中，管理者常常犯流于形式的错误。例如，有些企业大张旗鼓地宣传"以人为本"，但在具体管理制度中一点也看不出"以人为本"的迹象，制度处处对人才设立陷阱。这种做法显然不可能形成良好的企业文化。企业必须注意的是，制度化是为了让员工更好地理解和落实企业的价值观。既保持企业核心价值观的相对稳定性，又在具体操作上体现制度的不断创新，是制度文化建设必须坚持的原则。

企业文化对企业发展推动力量的大小，主要取决于员工对文化的信仰程度、信心强度和行为力度。对员工来说，一种新文化价值理念的形成是一个潜移默化的替代过程，与心理倾向的形成一样，不是先破后立或不破不立，而是先立后破或不立不破。企业要使员工转变观念，接受一种新的价值观，就不能简单地通过对旧价值观的批判来实现，必须借助制度建设的力量引导员工逐步接受新价值观。

（三）完善制度实施机制

从制度的执行力度来看，普适性是制度充分有效的前提，企业中的任何人都应受到制度的约束。企业违背普适性原则的行为主要表现在两方面：一是制度对决策层管理者无效，这一点在民营企业比较突出；二是决策层管理者对下属不执行制度的行为表现出极大的宽容，致使"老实人"吃亏。从理论上讲，制度不被执行可能是因为制度本身的局限性（如缺乏公正）造成的，是制度本身存在的规定性与选择性、稳定性与变化性的矛盾引起的。从某种意义上说，制度的严格执行比制度更重要。有制度不执行表明管理者的能力不足。对员工来说，能力不够造成的失误有时还可以谅解，而态度不端正则无法原谅。

（四）完善制度评估机制

制度本身的好坏也影响制度的执行效果，因此对制度进行评估以及完善评估机制就变得非常重要。从制度本身的角度看，制度不被执行大致有以下几种情况。

首先，制度的违约成本太低，员工不怕违背制度后的惩罚（这又包含两种情况：一是违反制度的行为被发现和追究责任的可能性的大小；二是违反制度的惩罚程度）。其次，指导制度的价值观或理念不正确，或者制度没有完全反映价值观或理念的要求。再次，制度不被执行说明了制度本身有局限性，如制度自身存在的规定性与选择性的矛盾。最后，制度不被执行也反映了制度的稳定性与变化性的矛盾。所以，制度评估机制必须根据制度的执行情况做出及时的判断，对制度的缺陷做出弥补，准确地确定制度的违约成本，防止制度与价值观、理念脱钩，防止制度变化过于频繁等。

第四节 企业行为文化

企业行为文化是通过企业人的行为表现出来的企业文化。一个企业如果有好的文化观念和文化习俗，就很可能具有正确的行为文化。它是引导企业与员工之间形成统一价值观，构建企业与员工的命运共同体和利益共同体的关键。这就要求企业采取有效措施加强企业行为文化建设。本节就如何进一步加强企业行为文化建设做了一些探讨。

一、企业行为文化的含义及特点

企业行为文化是通过企业人的行为表现出来的企业文化。一方面是企业人在生产经营、学习娱乐中产生的文化活动，涉及企业经营、教育、宣传、人际关系、文娱体育活动中所产生的一切文化现象；另一方面是企业经营作风、人际关系、精神面貌的动态体现，也是企业精神、企业价值观的反映。

企业行为文化具有三方面的特点。

一是企业行为文化将企业人格化。一般来说，行为是人作用于对象物的行动表现。人向对象物所实施的行动是其思想和意识所决定的。企业是一个组织，本身是一个抽象的概念，是一个没有思想和意识的概念化产物。但是，组织是具有思维和意识能力的人的利益群体的组合，具有相同利益群体的统一意识。这决定了群体的统一行为代表群体组织的行为。因此，我们在探讨企业行为文化的过程中，首先要将企业人格化，赋予企业行为能力的特性。根据企业人格化的特点，我们可以将企业行为文化中的行为划分为企业与员工两种。企业行为包括经营行为和非经营行为，体现了企业的意志、文化品位和价值取向。员工行为反映的是员工个体对待组织内部关系及事物的行为。

二是企业行为文化是由思想和意识所决定的。存在决定意识，思想决定行动。无论哪个组织和个人，其行动都是受组织的意志或个人的思想支配的，所以，思想意识是行动的前提，行动是思想意识的反映与表现。思想意识简单地说，是人们对客观世界的看法以及对客观规律和事物的认知。因此，企业行为文化研究的是企业本身与员工要达到的高度统一的行为，需要用什么样的企业意志做引导和限制才能实现。

三是企业行为文化与企业物质文化、企业精神文化和企业制度文化是紧密联系的。四者是一个不可分割的有机体，是一个事物的不同侧面，形成了紧密联系、相辅相成的整体。企业物质文化是企业行为文化的基础，只有当企业具有了固化的物质形态即生产资料时，才能形成产品生产的物化劳动过程。这时，企业与员工对劳动对象的行为才能得以展示。

企业精神文化是企业行为文化的灵魂，对企业行为文化具有绝对的支配作用。它引导、决定着企业与员工的行动方向和具体行为的表现形式。企业通过企业行为文化又可反映企业精神与价值观。企业制度文化是企业行为文化的保证。企业制度文化以其具有的刚性和强制性特点，规范着企业组织与员工个人的行为，促使企业与员工为实现企业的利益目标保持行动上的一致。但是，规章制度也有涵盖不到的地方或失效的时候，企业行为文化可以弥补企业规章制度的不足，通过管理者与员工养成的自觉意识和行为，来保证企业行动的统一性和员工行为的适用性、合理性。

二、企业行为文化的主要内容

企业行为文化包括企业家和领导群体的行为、企业模范人物的行为、企业员工的行为等。在企业运营过程中，企业家的行为、企业模范人物的行为以及企业全体员工的行为都应有一定的规范。企业在规范的制定和执行中，会形成一定的企业行为文化。

（一）企业家和管理者群体行为

企业家行为展现的是企业领导的思维方式和行为方式。企业家往往将自己的信仰和价值观移植到企业的经营决策活动中，对企业行为和员工行为具有强烈的示范效应，与企业命运休戚相关。随着企业的发展壮大，它所具有的分层次、多环节、授权管理的组织管理体系，形成了一个完整的管理者群体。管理者群体的作用在逐渐增强。

企业家个人的作用逐步弱化，但是企业家特别是富有魅力的强势型企业家对企业行为的影响力，在中国现实环境中还是非常大的。因此，在行为文化的建设过程中，企业家应该成为先进文化的积极倡导者和模范实践者，起到率先垂范的作用。

（二）企业模范人物行为

模范人物使企业的价值观人格化，是企业员工学习的榜样。他们的行为常常被企业员工当作行为规范。企业的模范行为可分为企业模范个体的行为和企业模范群体的行为两类。企业模范个体的行为标准完美体现了企业价值观和企业精神的某个方面。一个企业所有的模范人物的集合体构成了企业的模范群体。卓越的模范群体必须是完整的企业精神的化身，是企业价值观的综合体现。企业模范群体的行为是企业模范个体典型行为的集合，具有全面性。因此，它应当成为企业所有员工的行为规范。

（三）企业员工群体行为

企业员工是企业的主体，也是企业文化建设的主体。只有当企业所倡导的价值观、行为准则普遍为员工群体所认同和接受，并自觉遵守、实践时，才能形成企业文化。

员工群体行为指各类员工的岗位工作表现和作风、非正式企业活动和业余活动等。员工直接为企业生产产品、提供服务、创造效益。他们往往因为在一线与客户、供应商打交道而成为企业形象的直接代言人。因此，员工的行为往往被视为企业整体行为。员工群体行为直接决定着企业的整体精神风貌和文明程度。同时，企业价值观的实现也最终体现在价值观能否贯彻到员工的日常工作行为中，能否贯彻到他们的日常操作和服务行为中。

三、影响企业行为文化的相关因素

行为是由思想和意识决定的，而思想和意识属于文化的范畴。因此，反映企业行为文明和进步的企业行为文化，必然要受到文化观念和文化习俗的影响。一个企业如果有好的文化观念和文化习俗，就很容易形成正确的行为文化；反之，就会导致企业行为文化走向反面。影响企业行为义化的相关因素概括起来，主要有以下几个方面。

（一）企业经营理念

企业价值观的通常表现是经营理念，经营理念反映企业经营的基本指导思想和企业行为的基本取向。企业经营理念也是企业的经营哲学，是企业在经营管理过程中提升的世界观和方法论，是企业在处理人与人、人与物关系上形成的意识形态和文化现象。企业经营理念是企业认知内外环境的方法和对内外环境所持有的态度，以及企业的价值观。它从企业的利益角度出发，通过企业利益目标的实现来影响企业行为表现，包括经营行为和非经营行为，以及企业行为文化建设的方向。

所以，它对企业行为文化具有最直接和最根本的导向作用，并且决定着企业行为所产生的最终利益结果。

（二）企业精神

企业精神是现代意识与企业个性相结合的一种群体意识，体现了企业的奋斗目标、自身追求和进取意识，是一种积极的意识和信念。企业精神作为彰显企业现代文明、企业个性的集社会服务功能和企业目标于一身的群体意识，代表着企业内部全体成员的共同利益。从企业使命的角度看待企业的利益与责任，包括两方面：其一，企业作为一种经济组织必须把在满足消费者需求前提下获得最大经济效益作为基本的使命之一，离开了经济效益，企业便失去了存在的价值和发展的动力；其二，企业作为一种社会组织，必须承担一定的社会责任，如果企业为了自身利益而不顾社会与公众的利益，就会丧失生存的条件。因此，企业精神必须符合和服从企业的使命，并且企业精神必须反映和代表企业所有成员的利益与责任，每一个企业成员都要自觉地认可和实践企业精神。企业精神是企业全体成员的意识集合，指导和决定着企业及员工的行为。

（三）管理者行为

企业的管理者承担着企业责任，掌握着企业的权力，因此具有领导的权威性。特别是像鞍钢这样的大型联合企业，拥有分层次、多环节、授权管理的组织管理体系，形成了一个完整的管理者群体。这一管理者群体代表着鞍钢的意志，具有绝对的领导权威性，处于企业的支配地位。海尔的 CEO 张瑞敏及其管理群体所创造的海尔文化，开创了中国民族工业走向世界的先河，培育了海尔精神和海尔人。所以，领导者和管理群体所具有的企业意志决定了企业的整体行为；领导者和管理群体成员的个人行为会影响员工的行为。

（四）规章制度和职业道德规范

企业规章制度和职业道德规范是规范企业经营和员工行为的准则。它向企业内部所有成员传递着四种指示性信息，即应该干什么、不应该干什么、应该怎么干和干到什么程度。它在企业内部所处的地位如同国家的法律，具有强制性的特点。在规章制度和职业道德规范面前，企业员工必须绝对无条件执行。

企业规章制度是人们在长期劳动实践中总结的经验和智慧的结晶,对保证企业生产经营稳定运行,保护企业财产与员工生命安全具有重要的作用。

它以刚性的表现形式和具体化的规定内容来约束和限制企业与员工的行为。规章制度缺乏柔性的人本管理色彩,对企业及员工的行为具有极大的控制与限制作用,在员工消除不良行为和养成良好的行为习惯等方面发挥着不可替代的作用,保证企业及员工在被动服从的情况下实现企业的目标和员工的既得利益。

(五)企业传统与约定俗成的风气

传统与约定俗成的风气都属于文化的范畴。传统是人们在长期社会实践与交往中形成的一种非组织性、共同认同的好的社会和企业风气,并且具有传承性与惯性,是人们普遍认同的习俗。传统是一种气质,是一种性格。中华民族的优良传统和美德代代相传,培育了中国人的气质和性格,也培育了中国企业的优良传统和作风。约定俗成的风气是人们在长期生产实践和社会生活中形成的习惯和行为。因此,企业传统和企业内部约定俗成的风气以一种"潜规则"和"潜意识"的形式,潜移默化地影响着企业与员工的思想与行为。这种在员工中普遍存在的"潜意识"会影响企业的行为文化建设。

四、企业行为文化建设的具体措施

当前,企业行为文化建设的具体措施,主要包括以下几方面。

(一)大力加强企业文化建设,使员工与企业形成利益和命运共同体

经济学认为"经济人"都是自私的。按马斯洛"需要层次理论"所说,人具有生理需求、安全需求、社会需求、尊重需求、自我实现这五个层次的需求。就人的自私性和需求而言,所产生的动机与行为是受其利益所驱动的。人如果没有对利益的期盼就不会产生动机与行动。因此,企业要抓住利益这一核心问题,大力加强企业文化建设。一是通过宣传和扩散具有代表性的企业文化标志,使员工与企业形成统一的利益与命运共同体。企业文化的核心是建立企业与员工一致的价值取向,使员工与企业在统一的价值观指导下,为共同的利益目标而奋斗。我们要把企业的发展目标、未来愿景,以及对社会的影响力归类,形成一种规范的企业文化标志,使员工通过企业文化标志看到自己可以分享的既得利益和长远利益,进而主动将个人利益与企业利益协调一致。二是指导员工进行个人职业生涯成长设计。各级管理者要根据不同的员工所具有的特长和潜

质，帮助员工为今后的职业成长确定发展目标，使员工通过对个人未来职业生涯的展望，在积极努力实现企业愿景目标的过程中体现个人的价值，从而实现自身的理想，把自己与企业紧紧联系为一体，进而使全体员工深谙"我靠企业生存，企业靠我发展"这一理念的真正意蕴。

（二）大力倡导正确的企业行为理念

近年来，很多企业在吸收、借鉴外部先进企业行为理念和总结自身经验的基础上，形成了很多具有价值和积极意义的行为理念。这些理念已经在广大员工心中扎下了根基。企业倡导正确的企业行为理念，有以下几种方式：一是继续大力提倡与推广行为理念，使其成为指导每一个人工作与行动的准则；二是继续吸收、借鉴先进企业的行为理念，并总结和提炼自己的行为理念，不断丰富对企业发展具有积极意义的企业行为意识，形成完整的、适用于不同对象和不同工作的行为意识体系，使全体员工都能受到相应行为意识的指导；三是强化员工的行为意识，探索评价员工行为的标准，通过严格的考核与评价促使员工将行为意识转化为具体的实际行动，立足岗位，努力塑造产品形象、环境形象、员工形象、设备形象、标识形象、岗位形象和机关形象。

（三）培育高素质的员工队伍

在企业行为文化建设上，企业不能有一蹴而就的思想，既要着眼于现实，又要有长远打算，更要循序渐进。为了使企业行为文化建设采取有效的形式，企业要把培养和打造一支高素质的员工队伍作为企业的长期活动，并以此作为建设企业行为文化的载体，通过这一载体，逐步丰富企业行为文化的内涵。具体包括以下几方面。

首先，打基础。企业要以职业道德为企业行为文化建设的基础，使广大员工具备起码的文明标准和道德标准。

其次，抓巩固。企业要通过舆论监督、经济处罚等手段使员工养成良好的个人行为习惯。

最后，抓提高。企业要在员工具有起码的行为意识和自觉养成良好的个人行为习惯的基础上，建立高素质的员工队伍。

（四）培育典型，企业要以模范人物的影响力带动员工进步

榜样的力量是无穷的。模范人物的行为对员工的行为有很大影响，因此，企业要做好培养与树立典型的工作，既要培养个体典型，也要树立群体典型，通过以点带面和典型群体的不断扩大，在企业中形成人人学习、效仿模范人物

和模范群体的风尚，使广大员工在向模范人物和群体学习的过程中养成良好的行为，进而使每一名员工都成为企业同生存、求发展的"共生英雄"。

（五）进一步加强规章制度的执行力

人的不良行为的消除和良好行为的养成，在很大程度上要用强制性的规章制度来约束和限制。因此，在企业行为文化建设中，企业要以规章制度为基础进一步加大规章制度的执行力。具体措施包括：一是抓好各级领导干部和管理、专业技术人员的行为。规章制度的执行要通过问责制的有力实施和规章制度的严格考核来实现，进一步端正企业人员的行为，通过各级领导干部和管理、专业技术人员的良好行为带动广大员工的行为。二是要以规章制度的强制手段来规范员工的行为，通过反复的培养、训练和严格的监督、考核，促使员工在生产实践中保持正确的工作行为，并通过加强规章制度的执行力，使员工在端正行为方面从被动服从走向主动自觉，从而形成良好习惯。

第四章 企业文化建设的程序与方法

随着时代的发展和社会的进步，建设完善的企业文化已成为我国企业追求的目标，成为企业健康发展的关键。企业文化决定了一个企业的兴衰和市场竞争的成败。但是，企业文化建设不是一朝一夕的工作，而是一项长期、艰巨、复杂的工作，必须有计划、有组织、有步骤地进行。本章对企业文化建设的程序和方法进行分析和探讨，主要包括企业文化建设的主体、企业文化建设的目标与原则、企业文化建设的规律、企业文化建设的程序、企业文化建设的方法等内容。

第一节 企业文化建设的主体

一、企业文化建设的主体构成

1. 企业领导人

企业文化的主要理念都是先在上级形成，然后逐级下达。任何改变这些理念的工作都必须在企业领导人的领导下进行。企业领导人在企业文化建设中占有重要位置，在很大程度上决定着企业文化建设的成功与失败。

2. 负责具体策划和推进的部门人员

尽管企业文化的建设离不开领导人的承诺和指导，但不是每个领导人都对企业文化建设有系统的认识和理解，所以企业中的文化建设负责部门的人员应该积极配合领导人的思路，提出文化建设方案供领导人思考和决策。

3. 培训部人员

企业文化的传播有很多途径，培训部人员不仅要重视员工技术及技能的培训，更要重视员工文化理念的培训。例如，新员工的文化理念、价值观及言行规范的培训等。

4.人事工作人员

人事工作人员要把企业文化纳入招聘、考核、晋升、激励等人事工作流程中。

5.各部门管理者

高级管理者的言传身教对于企业文化的传播非常重要，因此管理者一定要起模范带头作用。同时各部门管理者还要根据整个组织系统的文化建设调整本部门的"亚文化"。这些"亚文化"应该是与"主文化"相适应的，成为衔接企业文化与个体文化的纽带。

6.全体员工

企业文化不是一部分人的文化，而是全体员工的共同价值观，并且反映在员工的形象、言行规范和日常工作中。因此，真正健康向上的企业文化，应该是由领导者所倡导的、被全体员工真正认同和实践的文化。可以说，作为企业文化主体之一的企业员工，决定着企业文化建设与发展的成功与否。

二、不同主体在企业文化建设中的作用

企业文化的建设不是单一部门或少数人能够完成的，那么如何才能有效发挥不同主体在企业文化建设中的作用呢？

企业领导者必须非常重视企业文化的建设，并且对企业文化有深刻的认识。企业文化将成为未来企业的第一竞争力。这已经被很多企业领导所认同。他们开始把企业文化放在战略的高度进行考虑。在《海尔中国造》一书中，张瑞敏被誉为"中国首席文化执行官（CCO）"。这对于企业领导人来说是很好的启迪。

建立企业文化建设的领导机构。企业文化的推进可以由专门部门负责，也可以组建跨部门的委员会来负责。该机构配合领导者拟定文化建设的目标和措施，并负责执行具体的工作，评估文化建设的成效，并根据实施情况进行必要的调整和改善。

不同主体在企业文化建设的过程中发挥着不同的作用。具体包括以下几方面。

第一，在企业文化的目标、内容、实施计划等制定过程中，领导者和具体文化推进部门负有重要的职责。这一过程需要企业对文化建设进行全面深入的诊断，如哪些是能够促进企业继续发展的文化因素，哪些是应该坚决抛弃的文化因素，哪些是需要重新构建的文化因素等。根据企业文化变革的不同程度，领导者必须认识到只宣布计划是不能使企业发生变化的，只有领导者行为发生

真正改变，以及新的定义嵌入组织程序，这种改变才会发生。说到的就要做到，领导者的承诺对于企业文化的形成至关重要。

第二，企业文化的传播一方面要发挥领导者与各部门管理者的表率与模范作用，通过他们的言传身教传播文化理念，有时还必须淘汰一些守旧的管理者；另一方面要发挥培训人员及文化推广人员的教育及宣传作用，如上岗培训、企业价值观培训、文化理念系统培训等。以上多是对内传播，企业文化还需要对外传播。这方面的工作要发挥领导者、公共关系人员、市场营销人员的作用，有意识地通过名人效应、有影响事件的处理、企业标识、外观设计与环境、广告媒体关系和社会公益等向客户、社会传播良好的企业形象。

第三，企业文化的建设一方面要发挥人事工作人员的作用，建立与企业文化相适应的人事管理制度，如招聘、上岗培训、考评和激励等；另一方面要协调其他部门管理者通过制定规范和规章制度来建立"游戏规则"，使管理和工作清晰化。在企业文化的建设中，领导者起着关键的作用。成功的领导者应该了解企业全部的优缺点，并且维持和强化企业运转和发展所需要的文化因素。

三、对企业文化主体的培育

当前，企业文化已如楔子一般牢牢扎入管理中心和企业腹地。要让企业文化真正融入企业的精髓和血脉，我们必须探寻企业文化的主体风貌。笔者拟从企业家、企业文化者、企业员工三个层次的培育，来浅谈企业文化主体的培育。

（一）企业家的培育

在企业文化术语中，"管理"是常用术语。企业家同时也是企业管理者，检验一个管理者是否具备一流智慧，主要看他是否拥有独特新颖的观点和思路，是否能在正确的时间实施正确的措施。企业家可以拥有不同观点，但一定要有统帅的本领和卓越的决策力、行动力。

企业文化主体培育的第一个环节就是对企业家的培育。

本书所指的企业家是企业的经营者、决策者、法人代表。企业家的决策和指挥就像射向靶心的箭矢，必须招招命中，不偏离轨道。这就需要企业文化对企业家的精心培育和塑造。企业家的培育至关重要，是使企业从传统管理跃升到具有现代理念和战略思维的文化型管理的重要标志，更是决定企业兴衰存亡的关键。在企业文化实践中，企业家要在理论和实践上加强自己的内功修养。

企业家要培育自己的文化体系，首先要导入理念文化。而理念文化可以从企业精神、经营方针、企业格言等方面去拓展。企业精神是企业的灵魂。企业精神是企业文化的核心。企业家自己是什么样的风格，就会形成什么风格的企业精神。企业家要以价值观念为基础，以价值目标为动力，把企业经营哲学、管理制度、道德风尚、团体意识融汇到自己的管理风格中，让企业文化步入良性轨道。随着管理体系日趋科学化，管理现实要求企业家具备科学的头脑。这不仅是一种处世哲学和工作思路，更是一种思维视角和竞争武器。

有人对我国当代企业家做过问卷调查，在喜爱阅读的书一栏中，普遍填写的是《资治通鉴》《孙子兵法》《登峰造极》等。我们知道，国际管理思潮已经由"古典管理""行为科学""决策理论"发展到"企业文化"阶段。战略这个词指的是对重大事件做出决定全局的谋划。这个概念最早运用于军事活动中，现在被广泛运用于企业管理中。企业家在激烈的商场管理中，要具有战略眼光。现代企业的决策不仅仅是经济决策，也是一种文化决策。员工行为如果与企业文化不相吻合，就会有无形的氛围力量和监督目光提醒他应该如何做。企业家自身具备艺术家的学识和修养，就能从文化角度培育员工的价值理念。企业家只有洞悉民族和世界的文化发展趋势，才能制定产生良好经济效益和社会效益的科学决策。

（二）企业文化工作者的培育

现代管理学理论告诉我们，优秀的"企业文化"是指企业在生产经营实践中逐步形成的、得到全体员工认同并遵守的理念。这些理念包括使命、愿景、宗旨、精神、价值观和经营理念，还包括这些理念在生产经营实践、管理制度、员工行为方式与企业对外形象中的体现。

企业文化的内涵包括两个层面：一是理论层面，包括企业精神、企业管理制度、员工素质等；二是操作层面，就是展示企业文化的活动，包括文化的宣传形式、产品的广告行为等运作方式。这是一种观念、制度和思维方式，也是一个运作过程。在这个运作过程中，企业文化工作者是承上启下的"桥梁"。培育企业文化，忽略了这座"桥"，就会影响企业文化的连续性，使企业文化出现断层。由此可见，企业文化工作者肩负着双重使命：对内，他们要与企业家、企业员工一起共同培养和造就企业的团队精神和凝聚力，为实现企业目标提供智力支持和思想动力；对外，他们要运用现代管理理论知识，在企业家指挥下，树立良好的企业社会形象，提高企业知名度，扩大企业影响力。

在现代企业管理中，企业要培育合格高素质的企业文化工作者，不妨从以下三方面来着手。

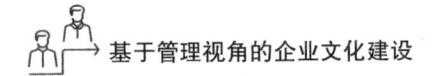

第一,树立市场意识。企业经营策略能否成功,很大程度上取决于企业家对市场的审时度势和企业文化工作者的信息捕捉能力。

第二,树立竞争意识。企业文化建设的许多任务,将由一群有强烈竞争意识的企业文化工作者来完成。

第三,树立使命意识。企业文化工作者要具有企业主人、时代主人的角色意识和勇挑重担、敢担风险的自觉意识,对企业忠诚,有使命感和责任感。企业文化是一种理论,如果为一个群体所接受,就必然会被这个群体所改造和内化。

这里要注意的是企业文化与企业思想政治工作的相互交融、互不替代的辩证关系。企业文化与企业思想政治工作虽有共同点,但不能等同,在对人的管理这一大前提下,二者在方向上是一致的,但在内容和实施路径上存在差别。

(三)企业员工的培育

企业员工是企业文化宣传的对象、企业文化实施中的承载者、企业文化培育发展的动力源。现代心理学原理告诉我们,企业员工接受企业文化的过程,包括三大阶段。

第一,服从阶段(入耳阶段)。员工态度的形成和改变始于两个方面:一是出于自愿,二是出于一定压力的服从。在这个阶段,企业家要做出果敢的企业决策,舆论导向、制度规范、情感投资多管齐下,让企业文化观念被员工自觉接受。

第二,同化阶段(入眼阶段)。企业员工对所在的企业形成一种亲近感,有一种发自内心的关注情结,让企业文化成为家文化的外延。

第三,内化阶段(入脑阶段)。企业员工已把自己作为企业不可或缺的组成部分,同呼吸,共命运,形成命运共同体意识,企业文化内涵已积淀在员工心中。企业员工对企业文化有了全新认识,从而助推企业文化建设。

企业员工的培育能够激发企业文化的功能。具体包括以下几方面。

第一,激励功能。被员工认同的企业文化就是让他们有归属感,成为员工成长的激励因素。企业文化以尊重人为中心,由全体员工共同创立的企业精神,会对员工产生强烈的激励作用。员工从中受到鼓舞并汲取力量,进而自觉把个体精神与企业精神融合在一起。要让员工有归属感,企业首先要启动激励机制,发挥自身优势,给员工提供施展才能的舞台。

第二,教化功能。优秀的企业文化可以从整体上促进员工素质的提高,起到教育和培养员工的作用。在教化功能上,企业一线班组长是最为重要的骨干群体，起到纽带和连接作用，是落实企业管理制度的执行层，负责教化员工执行管理者的意图。决策层的所有意图和纲领都要由一线员工来具体实施，而一线班组长是强化执行力的骨干力量。

第三，凝聚功能。企业通过理念、制度宣传，在员工中形成一种无形的纽带，让员工团结一致，与企业共生共荣。企业员工要学会欣赏别人和让别人欣赏，凝心聚力共创佳绩。

企业要从企业精神入手来培育企业员工的凝聚力。企业员工凝聚力的培育对企业很重要。企业精神是连接员工与企业的纽带。确立了企业精神，员工就有了统一的思想和行为准则，从而上下同心，抵御各种物质困扰和精神侵蚀。

企业要从企业个性入手培育员工自豪感。企业的个性是一个企业有别于其他企业的生产经营特色的表现，一般体现在企业的产品、服务、经营和企业形象等方面。企业在培育自身个性过程中，要注重企业价值观的塑造和培育，要从企业形象入手培育员工归属感。企业形象由主体形象、辅助形象和统一的视觉形象等部分组成，企业员工通过对企业形象的认知，会认为自己就是企业形象的代言者或缩影。这是员工对企业由衷的信赖。

第二节　企业文化建设的目标与原则

企业文化建设的重要性正在为越来越多的企业所认识，但企业文化建设真正卓有成效的企业却并不多。究其原因，对企业文化的特性、企业文化建设的目标及实现途径缺乏深入的研究和思考是一个重要因素。笔者试图在这方面做一点研究。企业文化建设是一项系统工程，是现代企业发展必不可少的竞争法宝。一个没有企业文化的企业是没有前途的企业，一个没有信念的企业是没有希望的企业。从这个意义上说，企业文化建设既是企业在市场经济条件下生存发展的内在需要，又是实现现代化管理的重要方面。概括地说，良好的企业文化建设需要实现以下几个目标。

一、企业文化建设的具体目标

（一）确立理念

1. 确立全体员工的价值观

企业价值观是企业文化的核心，是企业的命脉，关系着企业的兴衰。现代企业不仅要实现企业物质价值，还要实现建设独特的企业文化的企业精神价值。企业要使全体员工充分认识企业竞争不仅是经济竞争，更是人的竞争、文化的竞争、智慧的竞争，同时让全体员工明白企业的最终目标是服务社会，实现社会价值最大化。

2. 确立企业精神

企业精神是企业广大员工在长期的生产经营活动中逐步形成的，由企业的传统、经历、文化和企业领导人的管理哲学共同孕育，并经过有意识的概括、总结、提炼而得到确立的思想成果和精神力量。培育有个性的企业精神是加强企业文化建设的核心。培育具有鲜明个性和丰富内涵的企业精神，最大限度地激发员工的内在潜力，是企业文化的首要任务和主要内容。企业精神应集中体现一个企业独特、鲜明的经营思路和个性风格，反映企业的信念和追求。培养企业精神，要遵循时代性、先进性、激励性、效益性等原则，不仅要反映企业本质特征，还要反映行业的特点和本公司特色，体现企业的经营理念。

3. 确立符合实际的企业宗旨

确立符合实际的企业宗旨是企业生存发展的主要目的和根本追求，以企业发展的目标、目的和方向来反映企业价值观。其主要包括企业道德、企业作风等。企业道德是在企业生产经营实践的基础上，基于对社会、人生的理解评判事物的伦理准则。企业作风是企业全体成员在思想上、工作上和生活上表现出来的态度和行为，体现了企业整体素质和对外形象。

（二）树立精干高效的队伍形象，打造精神文化

企业文化实质是"人的文化"，人是生产力中最活跃的因素，是企业的立足之本。企业成员是企业的主体，建设企业文化就必须以提高人的素质为根本，把着眼点放在人上，达到凝聚人心、树立共同理想、规范行动、塑造形象的目的。为此企业要建立学习型组织，抓好科学文化知识和专业技能培训，培育卓越的经营管理者，带动企业文化建设的发展。

（三）塑造品质超群的产品形象，打造物质文化

企业文化建设应与塑造企业形象相统一，实现技术创新，做到合理化，使产品形象具备独特的技术特色和产品特色。企业要教育员工像爱护自己的眼睛一样爱护企业的品牌声誉，使企业的产品、质量在社会上叫得响、打得赢。企业要做到在经营过程中经营理念和经营战略的统一，做到在实际经营过程中所有职工行为及企业活动的规范化、协调化，做到视觉信息传递的各种形式相统

一，为促进企业可持续发展奠定坚实基础。

（四）塑造严明和谐的管理形象，打造制度文化

企业管理和文化之间的联系是企业发展的生命线。战略、结构、制度是硬性管理；技能、人员、作风、目标是软性管理。强化管理，企业要坚持把人放在企业的中心地位，在管理中尊重人、理解人、关心人、爱护人，确立职工主人翁地位，使之积极参与企业管理，尽其责任和义务。企业强化管理要实现现代企业制度、管理创新、市场开拓、优质服务的有机结合，还要修订并完善职业道德准则，强化纪律约束机制，使企业各项规章制度成为干部职工的自觉行为。企业要提倡团队精神，使成员之间保持良好的人际关系，增强团队凝聚力，有效发挥团队作用。

（五）塑造优美整洁的环境形象，打造行为文化

人改造环境，环境也改造人。因此，企业要认真分析企业文化建设的环境因素。使有形的和无形的有利因素成为企业文化建设的动力源泉。企业要采取强化措施，做到绿化、净化、美化并举，划分区域，明确责任，长期保持美观整洁的卫生环境。企业要开展各种游艺文体活动，做到大型活动制度化，如体育活动、企业文化艺术节等；小型活动经常化，如利用厂庆、文体活动等形式丰富职工文化生活，赋予各种活动以生命感，强化视觉效应。

二、企业文化建设目标的实现路径

实现企业文化建设目标的途径是一种普遍的社会存在，文化的冲突与协调既存在于企业内部，也存在于企业与外部环境之间。因而企业文化建设目标的实现路径，就是企业内部各种亚文化以及企业文化与外部环境之间相互碰撞、沟通、交融的过程。

（一）以企业家为核心

这可以从两方面来分析：一方面，企业文化建设在很大程度上是员工对企业家的信任与企业家权威的建立过程。企业家的决策和指令能否得到执行，取决于员工对他的信任。如果员工不信任老板，即使当面听话，背后也不会真正执行指令。另一方面，企业家是管理层的核心，管理者文化在企业文化建设中起主导作用。所以，企业文化建设必然以企业家为核心。也就是说，首先，企业家应高度重视、积极推动企业文化建设；其次，企业家应具备较高的素质和较强的人格魅力，使以其为首的管理层能够引导、塑造和有效整合企业的各种亚文化。

同时，员工是企业文化建设的主体，员工文化构成了企业文化建设最深厚的基础。所以，企业文化建设必须调动员工的积极性，立足于提高员工的素质和满意度，不断激发员工的创造力。

（二）以市场为导向

在激烈的市场竞争条件下，企业文化的核心——企业价值观必须与顾客的价值观相协调。企业必须不断追求顾客满意度。这要求企业通过顾客反馈、市场和顾客调查、顾客参与（如合作研发、顾客咨询）等方式，了解和掌握顾客的需求和价值取向。企业要明确自身与顾客价值观的差异，或者变革自己、改造企业价值观，积极向顾客价值观趋近；或者调整目标顾客，放弃与自己价值观不同的顾客；或者对顾客的价值观施加影响，以创造消费群体。其中，变革自己、改造企业价值观是最常见的方法，是一种积极的企业文化创新活动。企业价值观的变革和提升是企业的整体活动。根据"木桶原理"，企业必须通过提升全体员工的价值观来实现企业价值观的提升。当企业全体成员对价值观达成了共识，形成了新的群体意识和道德规范，一种更高水平的企业文化便诞生了。

（三）以创新为不懈追求

能够存在百年的企业并不多，创新是企业长期存在并不断发展壮大的必要条件。在企业凝聚员工、追求创新的过程中，员工个人的发展也更为全面。怎样才能实现创新呢？最基本的方法是把握好企业文化与企业文化创新的关系，形成创新型企业制度，建立能够不断改进的创新型企业文化。其中的关键是创建学习型组织。

学习包括从自己过去的经验学习（纵向学习）和向他人的实证经验学习（横向学习）。企业创建全员学习、终身学习的学习型组织，不断总结本企业、本人发展的经验教训，借鉴其他企业和个人的发展经验，选择实践效果较好的策略，放弃实践结果较差的策略，通过动态调整不断完善企业制度。这个过程就是实现企业制度和企业文化创新的过程，就是创新型企业制度和企业文化的形成过程。

（四）以开放为保证

实现企业文化建设的目标要求企业必须是开放型组织。这是因为：第一，企业文化要与外部环境和顾客价值观相协调，就必须不断与外部进行顺畅的信息交流；第二，能促进创新的制度必然是开放的制度，能够不断学习、进化的系统也必然是开放的系统。所以，企业文化应是开放的、富有包容力的文化。

三、企业文化建设的基本原则

（一）"以人为本"原则

所谓"以人为本"是指把人作为企业管理的根本出发点，把调动人的积极性作为企业文化建设的重要任务。

具体地说，就是尊重人，相信人，激励人，使人能动地发挥其无限的创造力。坚持"以人为本"的企业文化建设主旨，主要实践途径是解决好以下相关联的四个问题。

1. 充分地重视人，把企业管理的重心转移到如何做好人的工作上来

长期以来，企业中存在着重经营、轻管理的现象。有些管理者虽然对管理工作有所重视，但往往将管理的侧重点放在建制度、定指标、搞奖惩上，忽视了做人的工作。实践证明：企业在管理中，如果只见物不见人，只重视运用行政手段和经济手段进行外部强制，不注重发挥人的主观能动性，只把人作为外在文化约束的对象，不尊重员工的文化创造力，就无法实现预期目的，也不可能增强企业的生机和活力。所以，管理者必须把管理的重点转移到调动员工的积极性、增强员工的主动性和创造性上来。

2. 正确地看待人，切实处理好管理者与员工之间的关系

围绕员工是什么人的问题，西方管理学者进行了大量的探索，得出了以下几个假设："经济人""社会人""组织人"，这些都是从管理主体怎样去控制、利用管理客体角度来看待员工的，使员工的积极性、主动性和创造性难以充分发挥。因此，管理者要将员工看成企业的主人、企业管理和企业文化的主体，要明白企业文化建设必须高度重视其主体，重视企业员工素质的培养与提高，使企业文化的主体成为有高度素养的文化人，成为关注自身与社会双重价值的现代企业成员。

3. 有效地激励人，使人的积极性和聪明才智得到最大限度的发挥

确保员工在企业管理中的主体地位，充分调动员工的工作积极性，将蕴藏在员工中的聪明才智充分地挖掘出来。因此，第一，企业必须进一步完善民主管理制度，保障员工的民主权益，使员工能够广泛地参与企业的各种管理活动。第二，改变压制型的管理方式。变高度集权式的管理为集权与分权相结合的管理，变使用行政手段进行管理为多为下级提供帮助和服务的管理，变自上而下

的层层监督为员工的自我监督和自我控制。第三，为员工创造良好的、发挥个人才能的、实现个人抱负的条件，完善人才选拔、晋升、培养制度和激励机制，帮助员工进行个人职业生涯的设计，满足员工物质和精神方面的各种需求。

4．全面地发展人，努力把员工培养成为自由发展的人

在我国，企业应努力把员工培养成有理想、有道德、有文化、有纪律的社会主义新人；努力使员工与员工、员工与管理者、管理者与管理者、企业与社会公众等关系达到最佳、和谐与亲密的状态。企业全面关心人，可以从三个方面来考察：一是全面满足员工的经济、安全、社交、心理等多方面的需要，二是全面关心企业内部人员，三是全面关心全社会的人，如顾客、社区居民、原材料供应者等。比如，日本企业能够比较全面地关心企业员工。这表现在三个方面：一是日本高级管理人员一般认为照顾一个人的整个生活乃是企业的职责，而不能推卸给其他机构（如政府、家庭或宗教机构），且认为只有当个人的需要在公司内部得到满足时，个人才能有精力从事生产工作。二是日本企业内部不太强调权力意识，极力淡化等级意识，职员一律坐大办公室，也没有专门为高级经理设置的停车场和食堂。日本高级管理人员认为，职工既是供使用的客体，又是应该给予尊重的主体。企业一般不轻易解雇职工，特别是日本的大企业一直执行终生雇佣制。所以，日本企业一般能够一视同仁地关心内部各种不同的人。三是日本企业比较重视正确的经营观、社会观和人生观的建立，重视企业精神的灌输，能够坚持企业目标的全面性原则、手段的合理性原则和人际关系的和谐性原则。

（二）目标原则

企业文化建设的目标是提高企业成员素质，全面地发展人，努力把员工培养成为自由发展的人。在市场竞争日益激烈的今天，企业成员的素质越来越成为决定企业能否生存和发展、企业竞争力强弱的关键因素，也是企业能否成功进行企业文化创新与变革的决定因素。美国经济学家莱斯特·瑟罗指出，企业提高竞争能力的关键就在于提高基层员工的能力，也就是要造就名牌员工。比尔·盖茨说过，微软公司的宝贵资产是高智慧和头脑灵活的名牌员工。只有高智慧、灵活的头脑，才能使企业不落后于人，永处高峰。名牌员工是事业心、忠诚心、责任感、高超的技术、守纪律、创造性等的统一。企业成员只有具备这些素质和能力，才能适应现代企业的需要，才能真正成为企业文化发展和创新的主体。因此，企业文化建设必须围绕人的素质来进行。

企业要培养一支高素质的企业员工队伍，就要抓好员工的培训。员工培训

是企业促使员工在道德、品行、知识、技术等方面有所改进或提高的关键环节，是使员工能够完成其承担或将要承担的工作与任务的重要条件。有关资料统计显示，一个人一生中获得的知识10%来自学校，90%来自社会，即参加工作之后。在知识爆炸的时代，除了进行相应的岗位培训外，不断对员工进行智力投资，是保持企业活力的关键。有的国家将企业培训部门称为投资部门，就是说通过培训可以用最小的投入来获得将来较大的利润。企业培训包括企业自我培养、委托社会培养、脱产培养和岗位培养等。

（三）共识原则

所谓"共识"，是指共同的价值判断，是企业文化建设的核心所在。其原因主要有两点：第一，企业文化的核心是精神文化，尤其是价值观。每一个员工都有其价值观，如果达不成共识，企业就可能成为一盘散沙，也就不能形成整体合力；如果达成共识，企业就会产生凝聚力。第二，当今企业所面临的内外环境异常复杂且瞬息万变，其内外因素又非常复杂，必须强调共识、全员参与、集思广益，使决策与管理都建立在全员智慧与经验的基础上，才能实现最合理的决策与管理。

如何贯彻共识原则呢？这主要有两点：第一，充分发挥文化网络的作用。特雷斯·迪尔和阿伦·肯尼迪在《企业文化：现代企业的精神支柱》中认为，"文化网络"是企业文化的组成要素之一，是公司价值和英雄式神话的"载体"，是企业内部主要的、非正式的沟通手段。企业文化传递着企业所倡导的价值观以及反映这种价值观的各种趣闻、故事、习俗、习惯等。信息共享有利于全员达成共识。第二，逐渐摒弃权力主义的管理文化，建立参与型的管理文化。权力主义的管理文化过分强调行政权威的作用，动辄用命令、计划、制度等手段对人们的行为实行硬性约束，不利于共识文化的成长。所以，只有打破权力至上的观念，实行必要的分权体制和授权机制，才能充分体现群体意识，促进共识文化的形成。

（四）兼容原则

在文化建设中，企业要吸收各种各样的企业文化以及国内外优秀传统文化。这里特别强调的是中国企业文化的建设要吸收中国优秀传统文化。中国传统文化虽然与中国现代化建设存在某些矛盾（如轻自然、重技艺的观念与科学思想的冲突、人治传统与法治建设的冲突、家族本位与个性自由的冲突等），但是也有其精华，是我国企业文化建设和发展的根基。虽然在近现代西方文化的剧烈冲击下，中国人的生活、文化等确实已经发生了一些变化，但是，中国人世代相传的传统心理、思维方式、伦理道德等依然存在，甚至有的并未发生根本变化。这就是说中国传统文化并没有离人们而去，中国人待人处世、对事接物依然是"传统的"。简要地说，中国传统文化的合理性有四点：第一，自强不息的进取精神；第二，道德修养和人际协调，在道德规范下形成和谐的人际关系；第三，集体本位和天下为公，以集体为本位，尤其当个体与集体发生冲突时主张牺牲前者，这就是天下为公；第四，"天人合一"的意识，强调人与自然界和谐统一。所以，我国要建立的应该是体现中国传统文化合理性的管理学，构建的是体现中国传统文化合理性的企业文化；反之，我国的管理学或企业文化如果与中国优秀传统文化相背离，就很难得到建立和完善。事实也表明了这一点。例如，在企业管理中，我国一些企业引进西方的管理方法，实行严格的规章制度和定额定量的生产管理，但因有悖于中国大众传统的价值观而引起工人与管理人员之间的对立。

第三节　企业文化建设的规律

如何结合中国的国情和中国企业的实际，在继承中华优秀传统文化的基础上，建立弘扬中华民族精神、彰显中华民族气派、体现中华民族风格的企业文化，是中国企业面临的新课题。企业文化建设同其他任何一项事业一样都是有规律可循的，建设中国特色的企业文化同样也是有规律的。本节试对企业文化建议的规律做如下探索。

（一）遵循体现本国文化的规律

塑造企业文化不能脱离本民族的文化，不能无视民族文化多方面的影响。我国是个历史悠久的文明古国，曾经创造出令世人瞩目的、丰富的民族文化。民族文化的遗产尤其是其中所包含的深邃的管理思想，备受其他国家企业管理者和企业家的青睐。许多西方的企业管理者不得不承认，当代企业文化管理模式的出现在很大程度上得益于对中国传统文化及其管理思想的研究和探讨。西方的企业管理者和企业家尚且如此，作为生存于民族文化氛围中的中国企业管理者和中国企业家，更应珍惜中华民族文化给我们留下的丰富遗产。在当前建设企业文化的过程中，中国企业应充分吸收中华民族传统文化的精华，弘扬中华民族的精神，通过塑造崭新的企业文化，进一步丰富和发展中华民族文化，并推动中华民族文化的变革与创新。

（二）遵循把握企业文化变化方向的规律

知识经济时代，企业间知识创新的竞争也就是文化力的竞争。为了不断增强企业的文化竞争力，克服行为习惯的缺陷，企业家应把握好知识经济时代企业文化变化的方向。其具体包括以下几方面。

第一，企业文化作为市场经济条件下企业管理的辅助手段，正在向知识经济条件下企业管理的重要手段转变。

第二，企业文化由企业生产经营的副产品向企业家和全体员工共同自觉创造的文化成果转变。

第三，企业文化由记忆型向学习型转变。知识经济时代的企业为适应急剧变化的市场和知识创新的需要，必须是学习型的，需要对行为准则和行为方式进行不断创新。这种创新要求企业文化也必须是学习型的。

第四，企业文化由一元向多元转变。企业文化在强调主导价值观与行为准则的同时，允许异质价值观和行为准则的存在。学习型的企业文化必然是多元的，如果没有对异质价值观的容忍就不可能有企业文化的创新。

第五，企业家由经营型、管理型向文化型转变，以便更好地培育、内化和增强企业文化。这是学习型企业和学习型企业文化对企业家素质的必然要求。

第六，企业文化从视员工为受尊重的雇员向视员工为同等决策的合伙人转变。企业文化强调以人为本的管理方式，通过建立个人与企业的共同价值观、共同愿景，创造和谐的企业文化氛围，激发员工的积极性、主动性、创造性。

（三）遵循为员工营造人性化企业文化氛围的规律

越来越多的人相信工作是整个生活计划的一个组成部分，工作应当是有趣的。越来越多的人在权衡成功所得到的报酬时，通常较少考虑金钱的多少，而较多考虑个人成就的实现程度。因为在现代人的意识中，工作不能仅仅是提供工资的岗位，还应该能体现出工作者本身的价值。企业发展到今天，已不仅仅是一个工作场所，更是一个文化体系。在人们的生活中，企业文化对于企业家和员工具有越来越重要的作用。企业应在提高劳动者收入的同时，充分营造人性化的企业文化氛围。正如美国学者所说："你能用钱买到一个人的时间，你能用钱买到劳动，但你永远不能用钱买到热情，你不能用钱买到主动，你不能用钱买到一个人对事业的追求。而这一切，你都可以通过企业文化争取到。"企业文化是企业在长期运营过程中逐渐形成的为全体成员共同遵守的价值观念和行为准则。只有文化才能从内心深处激发员工的内在潜力、创造精神和积极性。只有文化才能让员工心甘情愿、不遗余力地为企业做出新的贡献。

第四节 企业文化建设的程序

如何做好企业文化建设？各个企业的内外部条件千差万别，因而建设企业文化的具体步骤和程序各有差异。然而，各种企业具体的企业文化建设活动又存在着共同性。一般情况下，企业文化建设需要经过以下五个基本程序。

一、统一认识

思想是行为的先导，没有统一的思想，就不会有统一的集体行动，因此统一认识是建设企业文化的首要步骤。企业要提高全体员工对企业文化建设的认识，统一全体员工的思想，关键在于统一各级管理者的思想认识。只有各级管理者的认识统一了，才可能带动、引导全体员工统一思想认识。因此，企业必须引导各级管理者从精神文明建设的高度、从现代商品经济发展的内在要求、从实现企业的战略发展目标出发，提高认识，增强信心。在此基础上，企业要采取层层动员的方法，进行正面灌输；采取召开座谈会的方式，让员工进行自我教育；通过抓典型事例、办宣传板报等形式来教育员工，让他们认识到企业文化是现代企业发展必不可少的竞争法宝。一个没有企业文化的企业是没有前途的，一个没有信念的企业是没有希望的。

二、分析总结

在全体员工对建设企业文化的必要性有了共识后，企业要对本企业的文化现状进行分析和总结。凡是留下了历史痕迹的企业，都有其独特的文化。这种文化是员工习惯的累积，具有历史的继承性，会影响和制约企业文化建设的速度和水平。因此，我们必须分析和总结企业创建以来形成的传统作风、行为模式、价值观念和行为准则，总结这种文化具有什么特点，分析这种文化是在什么样的背景下形成的，如本企业过去与现在是由什么样的员工组成的以及是怎样组织在一起的，企业过去与现在所处的外部环境是什么样的，企业的发展历史如何。企业还要分析、总结现有文化中哪些是积极的、向上的、激励人们前进的，哪些是保守的、落后的、与现代精神相悖的，以及形成这种文化的原因是什么。在分析原因时，企业既要做横向分析，也要做纵向分析。横向分析是从诸多错综复杂的原因中找出主要原因；纵向分析是从各层次的原因中找出根本原因。

企业还要分析目前与未来环境中影响企业文化的内外力量。内部力量,即人员的组成、教育与技能水平、对待风险的态度、组织机构、评定企业绩效的标准。这些是对员工行为影响最大的因素。外部力量,即外在环境,包括市场、技术、法律、政治、经济等环境。这些因素也会影响企业员工的行为。

三、提炼设计

提炼。即在分析总结的基础上,提炼以企业精神为灵魂的价值观。这是设计企业文化的基础,也是对企业文化现状的总结。

企业精神是企业为实现自己的价值追求和社会责任而从事生产经营所形成的人格化的团队意识,是企业的精神支柱和动力,是企业的灵魂。我们在企业文化的精神提炼中必须注意:a.行业市场发展的国际化趋势;b.创新性;c.体现企业发展历史及对未来的追求;d.体现企业在发展中所形成的共同意识及区别于其他企业的个性。

企业价值观是对企业生产的产品、提供的服务、形成的社会信誉进行评价的标准,是企业追求最高目标和判断事物的标准,是企业文化的核心。企业在提炼共同价值时应当注意:a.简捷性;b.协调统一性;c.系统性;d.尊重人才;e.注重回报社会;f.不断求实论证,以便得到更广泛的认同。

设计。企业文化的设计包括两个方面。

第一,企业形象设计,指企业对自身的理念识别、行为识别、视觉识别进行深化实践,使之更具有独特性、鲜明性,同时借助各种宣传手段和载体传播企业文化,以产生强大的品牌认知力和认同力。企业文化的设计者必须建立适合自身发展要求的经营理念、管理理念、市场竞争理念、市场营销理念、市场发展理念、服务理念、质量理念、人才理念、科技创新理念、产品研发理念、组织机构设计理念体系。

第二,企业行为设计,主要包含对内、对外两方面。对内的企业行为设计主要包括企业伦理和道德、领导行为规范、员工行为规范、工作作风、服务态度规范、礼仪规范、工作环境和员工福利等。对外的企业行为设计主要包括公共关系、市场调研、促销活动、流通对策、废弃物处理、公益性文化活动等。企业行为设计的重点在于员工队伍形象的塑造。因此,企业应当遵循以人为本的原则,按照不同层次、不同岗位的需求制定和设计个人形象。

在设计企业文化时,企业要做到两点:首先,需要与可行相结合,设计的企业文化,既要反映企业生产经营活动及全体员工的客观需要,又要有可行性,

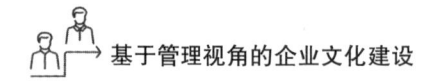

即企业有能力实现；其次，要求制度化，企业文化的核心要求要用富于哲理的语言表述出来，形成制度、规范文件、口号。

四、贯彻实施

企业文化建设方案要深入人心，成为激励员工进取的动力，并严格贯彻实施。企业文化建设是个系统工程，要遵循由浅入深、循序渐进的过程。企业文化建设的实施步骤包括：（1）建立企业文化实施机构。企业领导人要成为企业文化建设的领导者和推行者。（2）发布并宣传企业文化的内容。企业采取培训教育的方式，发动企业全体成员学习了解企业文化。（3）组织成员进行讨论，集思广益，在讨论中实现新旧价值观及文化的碰撞，确立并完善企业文化的内涵。（4）导入企业文化系统，如制定企业文化手册，进行企业形象策划等。（5）组织全体成员进行（可分部门）文化再培训，对比原有企业制度、企业风气及现象，修改或重新制定有关的企业管理制度。

五、控制

企业文化通过上个阶段的贯彻实施，建设的成功率是比较高的，但是在实施过程中，仍可能发生这样那样的偏差。

因此，企业必须加强控制工作。首先，企业要制定衡量企业文化建设成效的标准。这一标准大致包括以下几点：（1）企业文化人人皆知，深入人心；（2）与经济工作配合，促进经济工作开展；（3）增强员工队伍凝聚力。成效标准的主要作用包括：首先，使企业内的不良作风减少；其次，用这一标准与实际情况对照，找出存在的问题及其产生的原因；最后，随时纠正偏差。如果主客观条件发生了重大变化，企业还必须重新从统一认识入手，进行新一轮循环。

以上就是企业文化建设的五个阶段。我们应该注意的是，不能教条地理解和对待这个程序，它只是一般的行动指南。在具体实践中，各阶段可有所交叉，不同企业各阶段的比重可以一样，省略某个步骤也是允许的。总之，我们要从企业的实际出发确定程序和步骤，真正把企业文化建设好。

第五节　企业文化建设的方法

企业文化建设是现代企业管理的重要组成部分，是确保企业生存和发展的无形力量，是展示企业凝聚力、创造力和核心竞争力的重要载体，在推动企业发展中发挥着不可估量的作用。企业加强文化建设能够积聚促进企业发展的正能量，调动员工工作积极性，激发员工的主观能动性，形成鼓舞人、激励人的和谐工作氛围，推动和促进企业发展。

一、企业文化建设的内在机制

凡事都有其内在规律，企业文化对企业的作用符合虚实论，"实"就像面粉，实打实地做，而"虚"就是文化，像酵母，光有面粉馒头蒸不好，光有酵母也做不成馒头。面粉和酵母要有效结合，要虚实相济、虚实相生。那么，其中的内在机制是什么？笔者从多家企业文化设计和实施的实践中，提炼总结出其内在规律和脉络，旨在为企业文化建设提供指引和方向。

具体来说，企业文化建设的内在机制归纳为四点：统核心、分阶段、分层次、重循环。下面分别从这几方面来分析。

（一）统核心

统核心是指企业文化建设要有统一的指导思想，要有核心的领导者，要有核心的理念。这个"统核心"指把整个企业连接在一起，不偏离方向，围绕重点发展。我们要正确理解"统核心"。企业文化建设"统"的只是核心，而不是全面的"统"，应给予企业成员适当的个性，本着"求大同存小异"的思想，不过分强调统一。达到整体一致性与局部创造性的统一，允许成员保持文化个性。

"统核心"还意味着整个企业的大方向要一致，不能偏离战略方向。建设企业文化就是要让企业充分发挥整合作用，把内部损耗降低到最少，不断提高效率和效益，形成一致的强大合力。企业文化建设涉及多个层次、多个主体，与单个企业文化建设有很大的不同。企业所属各成员机构必须统一使命、愿景、企业精神、核心价值观。这样企业文化才是一个统一的整体。

企业文化理念体系的设计要针对企业的发展历史和现状，结合未来发展趋势和现代企业管理新理念，有针对性地提炼企业文化，并结合企业实际提出切实可行的解决方案。

企业文化的设计和实施必须与战略方向相一致。企业文化与战略是一体两面的关系，两者对企业的发展至关重要，应该协调一致。因此，企业文化建设必须考虑整体战略目标与战略规划，从战略规划的角度进行文化建设。其具体表现在以下几个方面：

第一，统一的指导思想。企业文化建设的目的是实现员工精神和行为的一致性。没有统一的指导思想，这个目标是难以实现的。

第二，核心的领导者。企业文化建设是一项十分耗费心力、需要长时间全员投入的活动。企业文化建设具有全面性，并不适合由单一部门来实施，需要企业领导班子的共同协商和决策。

企业的各级管理者必须处在企业文化建设的核心位置。如果用一个"陀螺"来比喻企业文化，那么，各个级别的管理者就是文化陀螺的轴。这个陀螺转得好不好，轴起着关键性的作用。轴从上到下，代表着企业各个层次的管理者。各层次的管理团队与企业文化小组联系得越紧密、交流越融洽，企业文化建设就越顺利。可以说，企业文化建设的过程也是培育高效率的企业经营团队的过程。

领导班子的和谐对企业文化建设也很重要。领导班子要保持和谐的关系，首先价值观上要高度一致，在关键问题上要有统一的思想和判断标准。企业文化是一个企业全体员工所共享的信念和价值观，其价值理念要体现领导班子（特别是最高领导者）的思想和观念。企业通过文化灌输的方法，把这些价值理念灌输给员工，起到内聚人心、外塑企业形象的作用。

第三，核心的理念。企业文化是有层次性的，分为理念层、制度行为层和符号层。其中，理念层是三个层次的核心，分为核心理念、基础理念和职能理念。在企业文化体系中，我们一定要保证企业核心理念的一致性，而基础理念可以有适度的灵活性。

（二）分阶段

企业文化建设影响员工的观念和思想，一个企业文化的强度，即我们常说的文化一致性，表现为员工的思想一致性、行为一致性和符号一致性。这三个层面的一致性的形成，不是一蹴而就的，而是要逐步推进的，需要结合试点，分步到位。许多知名企业都是经过数十年甚至上百年，经过好几代领导者的不懈努力才形成了强大的文化凝聚力，从而获得竞争优势。因此，企业文化建设不应操之过急，不要有急于求成的心态，必须深入细致地落实文化建设。企业在实施方案中必须明确实施的步骤、阶段和相关措施体系，按部就班地将企业文化建设落实到位。企业文化"分阶段"的理念贯穿于企业文化建设的整个过程和各个层次。具体包括：第一，企业文化方案提出的阶段性，分为诊断阶段、设计阶段和实施阶段。第二，企业文化建设的阶段性，根据情况，有的企业文化建设以整合资源为目的，一般分三个阶段执行，即导入阶段、推广阶段、巩固阶段；有的企业文化建设以变革为目的，一般分为四个阶段，即导入阶段、变革阶段、巩固阶段和评估总结阶段。第三，企业文化培训宣传的阶段性。企业文化培训宣传工作要贯穿于企业文化建设的全过程。企业文化培训宣传包括预热阶段、强化阶段和深化阶段。这三个阶段对应着企业文化建设的各个阶段。

（三）分层次

企业文化建设必须使全体员工逐级了解企业文化的理念、制度和行为规范，并达成共识。企业文化建设要分层次实施，让全员参与成为可能。企业文化建设的根本目的，是在企业内部形成全体员工认同的、统一的文化价值理念。这个过程必然是全体员工积极参与的过程，而全员参与一定是通过分层次的方式来实现的。

1. 企业文化培训对象的层次性

这种层次性是为了形成一种自上而下的"传帮带"的文化传播方式。如某煤炭企业的文化培训宣传要求按照总经理—企业各领导—各分公司领导—煤矿工人的方式层层传递。文化建设重在文化落地，落地需要在高层强有力的推动下，自上而下地贯彻实施，上级带领下级逐级培训学习，将文化贯彻到具体工作中。

2. 企业文化培训内容的层次性

企业文化培训的内容包含三个模块，即理念培训、制度行为培训、工作方法培训。培训内容的选择和培训教材的编写，必须要依据培训对象分别编写。如某服装企业，针对副经理级以上员工编写了比较详细的文化培训教材；针对文员级以上的员工编写了较简单的教材；针对销售员和操作工人编写了更简单的教材。

（四）重循环

企业文化建设一定是"循序渐进"的。也就是说，"循环"做不好，就没有"渐进"的可能。循环表现在以下几方面。

1. 三大机制的循环

企业文化要落地，必须有三大机制，分别是：强有力的领导机制，通过企业文化领导小组来实现；高效的执行机制，通过企业文化办公室来实现；全方位的文化传播机制，通过各种培训宣传活动、各种培训教材、文化手册等文化载体实现。这三大机制的存在为企业文化建设提供了根本保障，而且三大机制

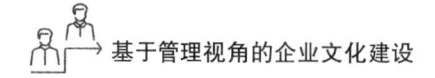

必须循环运行,分别在企业文化建设的导入阶段、推广阶段、变革阶段和评估阶段发挥不同的作用。

2. PDCA 循环理念运用

PDCA 循环包含 Plan（计划）、Do（执行）、Check（检查）和 Action（处理）。该理念是企业文化落地的重要内在机制之一。在企业文化推进的过程中,企业要善于运用 PDCA 循环理念。PDCA 循环在生产管理中得到广泛运用,但是并不仅限于生产管理。PDCA 循环理念应该成为我们日常工作的一种理念。它能够帮助我们推进计划,提高工作质量,实现过程控制和纠偏,以保证目标的达成。如海尔实行的 OEC 法,该方法是全方位地对每人、每天、每事进行清理、控制,做到"日清日毕,日清日高"。OEC 管理法是企业根据总体发展战略确认方向和目标,在层层分解、量化为具体指标的前提下,通过有效的整体控制和员工自我控制对企业员工的每一种行为、每一项活动进行精细化监控与激励性管理的一种方法。OEC 法中的 PDCA 循环将管理工作的循环周期压缩到一天,对反映出来的问题随时进行纠偏,使偏差在最短时间、最小环节内得到控制、消除,减少损失和浪费,提高质量和效率,提高管理的及时性和有效性。OEC 法成功的关键在于海尔有很强的 PDCA 循环执行能力。

具体到企业文化建设中,企业文化建设的各个阶段本身就是一个更长周期的 PDCA 循环。可以说,企业文化建设过程是大的 PDCA 和小的 PDCA 的嵌套。企业只有始终着眼长远,循序渐进,注重过程控制和纠偏,才能把企业文化建设推行下去。PDCA 循环应用到企业文化建设中,具体包括几个方面:P——计划,包括企业文化要素的目标、主导思想、主题、宣传计划、活动方案等;D——执行,严格按计划去做,体现了企业的执行文化,是企业文化落实的关键;C——检查,通过检查肯定效果和成绩,并找出问题;A——处理,是管理效果稳定提高的关键,包括总结经验、肯定成绩、纠正错误。具体来说,各个层级的管理者与员工对应的循环不同,但是两个循环有密切的关系。企业在建设企业文化的过程中要根据具体情况采取相应措施,保证两个环节更好地配合。

企业在建设企业文化的过程中,要不断重复企业文化所倡导的理念、制度和行为,将其逐步变成习惯,通过反复宣传、倡导与灌输,让员工充分理解企业文化。在 PDCA 循环中,企业必须找出产生问题的原因,制定切实可行的改进措施。企业还要注重收集问题,用专门的"企业文化实施调研问卷"来调查、发现问题,能解决的及时解决,没有解决的一方面针对性地培训员工,另一方面转入下一个循环。循环机制与企业文化的建设是相辅相成的,是一个有机的统一体，每一次循环都有新的内容和目标，都要前进一步。

二、企业文化建设的有效方法

（一）加强企业文化建设，必须要提升全员文化意识

文化是企业的灵魂，是企业特有的宝贵资源。对企业而言，全员文化意识越强，文化地位越高，推进文化建设的力度就越大。

1. 确立"文化是企业的形象"的思想意识

企业要利用演讲会、报告会和学习会等各种形式，在员工中开展"文化是企业的形象"的宣传教育，通过深入持久地开展"树标塑形"活动，使每名员工认识到自身的言行都代表着企业的形象，从而自觉规范言行。企业要通过每名员工良好的精神风貌，凝结和展示企业的形象。

2. 确立"文化是企业的品牌"的思想意识

"品牌"是一个企业赖以生存的"金字"招牌，是企业立足社会、赢得市场的"拳头"产品。品牌是提升企业核心竞争力、推进企业持续发展的不竭力量。因此，企业要结合实际，利用写感言、谈体会等形式，使员工确立"文化是企业的品牌"的思想意识，使每名员工真正认识到每个企业要生存和发展，都必须有自己的品牌。各级组织、各部门要在本系统工作中打造品牌，使每名员工都"创岗位品牌"，通过"品牌"为企业发展注入持久的动力。

3. 确立"文化是企业的灵魂"的思想意识

文化是灵魂，文化是力量。一个企业如果没有自己的灵魂，就会缺少聚合力，失去创新发展的不竭动力。为此，企业要坚持开展理想、信念、追求教育，使企业每名员工认识到自身是有理念、有信念、有追求的生命体，而文化就是生命体的灵魂，从而提振员工士气，使每名员工与企业形成利益共同体，提升企业的"文化软实力"。

（二）加强企业文化建设，必须增强文化整体效应

这主要指激发员工在企业工作的自豪感、责任感和成就感，增强"传承效应""共为效应"和"激励效应"，汇集成推进文化建设的整体效应，凝聚文化建设的合力。

1. 激发员工自豪感，增强"传承效应"

企业要坚持对企业员工特别是新入职员工进行企业文化教育，组织开展"忆

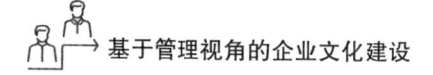

传统、讲历史、爱企业"主题教育,请老员工讲企业发展的光荣史,请老劳模讲自己在企业的成长史,请当代青年员工先进典型讲岗位奋斗史,增强新入职员工的企业自豪感,从而使员工自发地传承企业光荣传统,承担建设企业美好家园的重任。

2. 激发员工责任感,增强"共为效应"

企业要通过组织员工参观先进企业和开展"知我企业、爱我企业、强我企业"大讨论等活动,增强员工爱企如家的责任感和归属感,引导和帮助员工认识文化建设与企业的紧密联系。企业文化与每名员工息息相关,因此企业要增强员工对企业文化建设的新鲜感、时代感和责任感,增强"企业兴衰人人有责,企业文化人人负责"的意识,使员工对企业文化建设有兴趣、乐参与、愿作为,形成企业文化建设的"共为效应",使广大员工立足岗位,自觉遵守企业文化要求。

3. 激发员工成就感,增强"进取效应"

企业要通过开展员工岗位技术练兵、劳动竞赛、才艺大赛等活动,给员工搭建展示风采的平台。对涌现出的各类精英人才进行嘉奖,授予荣誉称号,使员工既受奖又光荣。同时,企业通过举办演讲比赛等活动,广泛宣传先进典型,激发员工的成就感,增强员工团队的"进取效应"。

(三)加强企业文化建设,必须要在文化创建上着力

员工是企业的主人,是企业文化建设的主体。因此,企业必须坚持践行人本理念,增强员工责任感和主动承责意识,合力共促企业文化建设发展。

1. 必须在"外化于形"上着力

企业组织员工通过精心思考、动手绘画和电脑制作等过程,进一步了解企业的历史渊源和文化积淀,集思广益,设计"企业标识"和行为识别系统,加强内外部环境建设。企业应在确立企业形象的过程中提升员工对企业的"认知度",使员工认识到企业文化建设与每个人都有关,需要全员参与共创,从而在"外化于形"中引导员工为企业增光添彩。

2. 必须在"内化于心"上着力

企业发动员工参与企业文化的建设,形成符合企业实际、员工自觉接受的企业核心价值观、企业精神、企业理念等,并采取刻字上墙、上文化园地、进各种宣传画册等形式广泛宣传,使员工牢记于脑,内化于心。员工在日常的潜移默化中加深对企业文化内涵的理解,进而形成积极进取的行动方向和精神动

力，并在生产实践中自觉践行，形成文化建设共建态势。

3. 必须在"固化于制"上着力

员工作为规章制度、企业标准的落实者和执行者，将实践经验、岗位职责应用于规章制度、作业标准的制定和作业程序的规范过程中，形成了符合企业生产实际、具有长效作用的企业文化建设制度体系。企业文化建设制度体系能帮助员工规范行为，养成习惯，形成文化建设行为规范，使以人为本的理念与企业生产相融合，增强员工的"融入度"，在企业文化建设的共为中，实现人与规章的完美结合，促进员工与企业同发展、共成长。

（四）加强企业文化建设，必须提升文化软实力

加强企业文化建设，企业必须要突出"正强化"作用，通过实施正向激励措施，丰富企业文化建设的内涵，提升文化感染力、互助力和辐射力，调动员工工作的积极性，创新发展企业文化。

1. 用精神激励，提升文化感染力

企业要发挥文化育人作用，就必须深度宣传企业精神、企业理念和企业发展成果，用先进的文化激励员工，推进文化建设。企业要着力建好覆盖全体企业员工的"文化角"，创作反映生产经营先进方法和先进典型的优秀文化作品。企业要结合元旦、春节等节日，坚持开展"送文化到基层"活动，为员工奉上"精神盛宴"，提升企业文化的感染力，促使员工与企业同呼吸、共命运。

2. 发挥帮带作用，提升文化互助力

这需要发挥优秀管理者、技术能人、技术尖子的帮带作用，扩大先进群体规模，打造过硬团队。企业要通过充分发挥各级、各类先进典型的作用，实现"帮带"正激励，由骨干带一般、强手带弱手、尖子带薄弱、师傅带徒弟、党员带群众，并实施"帮带达标同奖"制度，激励更多的员工增强互助意识，提升互助力，使员工感受到企业团队的魅力和共同成长的快乐。

3. 用贡献激励，提升文化辐射力

企业要通过实施"岗位做贡献"激励机制，开展"保安全、保质量、促发展"立功竞赛、岗位比武擂台赛、"主人翁"创新大赛，以及全员"星级员工"评比等活动，充分体现员工技能高低不一样、干多干少不一样、干好干赖不一样、贡献大小不一样，使员工形成当主人、做贡献的进取意识，使先进员工受到尊重、岗位明星受到追捧，辐射和带动其他员工爱企建企，珍惜岗位，建功立业。

（五）加强企业文化建设，必须凝聚文化建设合力

企业文化建设是一项各级组织共为、员工全员参与的"系统工程"，因此，企业必须要形成"文化理念自我提升，文化成果全员共享"的"共创共建"态势。

1. 明晰目标，共创共建

一个企业没有目标就没有前进的方向，员工没有目标就没有努力的动力。因此，企业深化企业文化建设，必须要明确各级组织"一盘棋"，员工人人参与的"共创共建"目标，制订企业文化建设实施方案和推进计划，使企业文化建设有目标、有进度、有效果。

2. 统筹协调，齐抓共干

深化企业文化建设，不是哪一级组织的事，而是企业各级组织共同的任务。因此，各级组织要统筹协调，共同承担企业文化建设的职责，自觉把企业文化建设作为分内事，克服当"旁观者"、不触不抓等消极意识，积极出思路、拿对策、抓推进，明确各级组织应该想什么做什么、怎样做实做好，形成企业文化建设一盘棋的大思路、大格局，从而实现"文化建家"的大手笔、大目标。

3. 人人参与，合力共为

员工是企业文化建设的主体、主力，因此，我们必须通过宣传教育等方法，使每名员工认识到企业文化建设没有局外人，人人身在其中，各个承担着责任，努力形成企业文化建设人人热爱、人人参与、人人受益的生动局面。企业要通过各级组织开展文化创建活动，组织员工积极建设和主动实践，使员工在文化建设中自我教育、自我养成、自我提升，进而提高员工文化建设的执行力、战斗力和创新力，激励员工一言一行展示企业文化，一举一动促进企业发展。

三、企业文化建设的关键点

（一）企业文化建设的组织架构

企业文化建设的首要工作是完善组织架构。

1. 企业文化领导小组

企业文化要落到实处，一定要有公司最高层的参与。企业在组织架构上要成立企业文化领导小组。企业文化领导小组的主要职责是负责企业文化建设的规划、设计和决策，把握企业文化建设的方向及监督企业文化建设的全过程。企业文化领导小组要负责文化推动工作，做好提前动员，并确保企业文化工作

得到优先考虑和实施。当然，企业文化领导小组也要为企业文化办公室提供指导、支持，并指导其工作，解决企业文化建设过程中无法解决的问题，批准企业文化建设的各项提议。企业文化领导小组以每月召开固定例会的形式开展工作，讨论未来一个月的相关措施和企业文化建设过程中的重大调整，及时检查建设结果。

2. 企业文化办公室

企业文化办公室负责企业文化建设过程中日常的组织协调工作，并对企业文化建设进行全方位、全过程的管理。企业文化办公室通过各种途径，引导员工认同企业共同价值理念，促使员工自觉遵守企业的制度，鼓励员工创造企业新的价值理念，提高员工对理念的认同度，营造良好的企业文化氛围。

企业文化办公室的主要职责是负责执行企业文化领导小组的决议，把企业文化建设过程中出现的问题集中向企业文化领导小组汇报。企业文化办公室还负责计划、配置、组织和协调企业文化建设过程中的人、财、物、时间、信息等资源，确保企业文化建设获得适当的资源。企业文化办公室还通过各种途径，引导员工认同企业共同价值理念，协调各方面工作，建立企业文化建设沟通渠道，并确保渠道的畅通。企业文化办公室对企业文化建设的质量和目标负责，确保企业文化建设获得理想的效果，负责与外部专家联络。

3. 各成员公司企业文化工作组

为了更好地配合企业文化办公室的工作，顺利实现对企业整体文化的协调和统一，各成员公司也成立了企业文化工作组。各成员公司企业文化工作组要有大局意识，要从企业整体发展规划的角度来看问题，做好企业文化建设的具体工作。

各成员公司企业文化工作组的职责主要是按照企业文化办公室的要求，落实企业文化建设的各项工作，收集并汇报各成员公司的企业文化建设情况，并定期从员工中收集建议，改进企业文化建设工作。它是各成员公司与企业之间文化建设工作统一协调的纽带。各成员公司负责人要在做好本部门文化建设工作的基础上，对企业文化建设进行有效的支持和控制，对相关资源和人员配置进行管理。

（二）企业文化建设的参与者

1. 企业文化建设参与者的范围

企业文化建设的参与者不仅包括内部的全体员工，即公司的高层领导、中

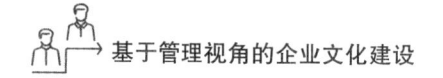

层管理者、全体普通员工，还包括企业文化建设过程中的外部力量。企业要重视外部力量带给企业的价值，借助外部专家和行业优秀企业的力量，保证企业文化建设的顺利开展，及时发现和调整企业文化建设过程中的偏差。

2. 企业文化专业人才

人才是企业文化建设的根本保证，企业要贯彻文化建设的相关制度，就必须要求负责企业文化建设工作的人才更具专业性。因此，企业文化建设人才应该得到更多的培训机会，并在企业文化建设的实践中提升相应的能力。企业文化建设需要两种人才：一类是企业文化建设的领导人才，由现有的高层领导、各成员公司的领导经过系统培训产生，并在企业文化建设过程中不断调整；另一类是企业文化的专业人才，可从企业文化办公室的现有人员中培训产生，必要时可从外部招聘相应专业的人才，也可借用外部人才。

（三）企业文化建设过程中的知识管理

知识管理这门学科是 20 世纪 90 年代在美国形成的。按照美国德尔福企业创始人卡尔·弗拉保罗的说法："（知识管理）是运用集体的智慧提高人们应变和创新能力，实现企业显性知识和隐性知识共享的新途径。"简单地说，知识管理就是以知识为核心的管理，即利用市场等手段对企业已有的或新获取的知识实施管理。

在企业文化建设过程中，会遇到很多困难，发现很多问题。在克服困难和解决问题的过程中，企业得以逐步成长。这其中有很多好的做法、好的思想，需要企业文化工作组带领全体员工将这些成果转化为企业可以传承的"知识"，促使知识由潜在的生产力转化为现实的生产力。这需要运用知识管理的方法。

企业在文化建设过程中推进知识管理，可以采取以下方法。

第一，企业对于成功的经验，给予肯定并形成标准；对于失败的教训，总结经验并改进克服。

第二，企业通过企业文化建设的各个循环，促进各方面工作的精益求精。

第三，企业把感性知识上升到理性知识，如把对员工归属感的培育转化为企业的具体措施。

第四，企业通过解决一批问题，制定一些措施，逐步形成工作的一系列标准。

标准本身就是企业的财富。如肯德基为什么做得那么好？因为它的一致性好，不同店面的味道相同。怎么做到味道相同呢？就是标准化。这就是企业的知识管理。有条件的企业可以不定期地推出企业文化建设的成果，如把企业成长历史中的事迹和故事编写成《企业成长故事》《足迹》《员工心声》等；编写《企业文化手册》，发放给每个员工；编辑企业刊物等。可见，企业文化建设的过程就是把文化理念融入员工行为、企业制度的过程，以达到"文化理念融入企业规章制度中，用文化来管理制度管理不到的地方"的境界。企业文化也是企业的管理工具之一，用得好可以带动企业的发展。那些优秀的企业必定企业文化做得很好。企业家要重视企业文化建设，并且让企业文化飞得起也落得下。

（四）绩效考核和奖惩制度

1. 绩效考核

在人力资源管理中，绩效考核作为一种管理工具，主要目的是"引导"员工。企业文化建设的目的是引导员工朝一个方向努力，那么自然就离不开绩效考核这一引导工具了。考核不是目标，只是实现企业文化建设的工作手段。企业通过员工的反馈形成循环机制，促进企业员工整体素质的提升。企业在推行企业文化建设过程中，要将"企业文化建设的要素"融入考核体系，形成企业文化考核制度，引导员工朝着企业期望的方向行动，更加客观地评价团队和个人的工作。

2. 奖惩制度

企业要充分调动企业全体员工对企业文化建设工作的积极性和创造性，塑造高效率、高素质、高标准的优秀团队，建立合理的奖惩制度。企业通过奖惩制度推进企业文化的建设。企业设置相应的奖励措施，能够调动员工的积极性，通过评奖标准的制定，促使企业文化内容深入人心，达成企业文化建设目标。

奖惩制度要体现以下原则：全面性原则，即企业文化的激励奖项并非专属于某一部门，全体员工都有机会获得。特殊性原则，即激励方案应与企业文化建设需求密切结合。及时性原则，即各项激励制度的审核、颁布效率必须尽可能提高。

第五章　不同国家的企业文化模式与管理特点

文化是与民族分不开的，企业文化是一个国家的微观组织文化，也是这个国家民族文化的组成部分，所以一个国家企业文化的特点实际就代表着这个国家民族文化的特点。本章我们对能代表东西方民族文化特点的国家的企业文化和管理特点做一些简要介绍。

第一节　美国的企业文化模式与管理特点

美国是一个多民族的移民国家，这就决定了美国民族文化的个人主义特点。美国的企业文化以个人主义为核心，强调个人的独立性、能动性、个性和个人成就。在这种个人主义思想的支配下，美国的企业管理以个人的能动主义为基础，鼓励员工个人奋斗，实行个人负责、个人决策的企业制度。因此，在美国企业中个人英雄主义比较突出，许多企业常常把企业的创业者或对企业做出巨大贡献的个人推崇为英雄。企业对员工的评价也是基于能力主义原则，加薪和提职只看能力和工作业绩，较少考虑年龄、资历和学历等因素。以个人主义为特点的企业文化缺乏共同的价值观念，企业的价值目标和个人的价值目标是不一致的。企业以严密的组织机构、严格的规章制度来管理员工，以实现企业目标。员工仅把企业看成实现个人目标和自我价值的场所。

一、美国企业文化的模式

美国是现代管理的先行者，企业文化管理经验是其企业通过不断实践总结出来的，同时又应用于实际工作中，已获得了巨大的经济效益。美国学者戴维·兰德斯说："如果经济发展给了我们什么启示，那就是文化起着举足轻重的作用。"美国企业文化的模式，成为一些国家学习和仿效的对象。下面我们以苹果公司的企业文化为案例来简单分析一下。

（一）尊重个人价值

美国是一个移民国家，早期居民大多数是从欧洲各国迁移过来的，这些移民来到一个陌生的环境，一切得从头开始，身边没有亲戚朋友的帮助，只能依靠个人奋斗，因此形成了美国人浓厚的个人主义色彩。苹果公司早年的发展正是靠史蒂夫·乔布斯、史蒂夫·沃兹尼亚克和罗纳德·韦恩等老员工的奋斗以及他们之间对彼此成果的相互尊重来实现的。这让个人能量得到充分的释放，让追求创新成为一种氛围，并在以后的发展中让其成为企业不可缺少的文化——偏执创新。当然这种对个人价值的尊重还表现在企业对个人价值的肯定上，并且企业还为他们提供一定的物质保障。苹果公司一般会从自己公司里提拔管理人员，让员工有晋升的机会，从职务上给予员工激励。另外，苹果公司的奖励往往针对个人而不是针对集体。苹果公司相信员工有能力完成自己的工作，要求员工明确自己的职责，对自己的工作负责。员工成绩突出，企业对员工个人给予奖励。苹果公司还将自己的股份或期权分配给员工，让员工成为公司的主人，从而发挥员工的主体作用，提高员工的责任心和积极性，让员工和企业的命运息息相关。这就用物质保障了企业的不断创新，同时也让偏执创新的企业文化在公司不断延续。

（二）顾客至上

顾客是企业的衣食父母，企业所生产的产品必须要消费者购买才能获得利润。同时美国政府和各州政府制定严厉的政策和法规来保护消费者的利益。美国一家研究机构的调查显示："服务好的企业的商品价格要比其他企业商品的价格高出9%，其市场占有率每年增加6%，服务差的企业市场占有率每年降低2%。在接受调查的人中有91%的人表示不想再光顾服务不好的企业，并且他们会向90%的同事宣传他们的印象和感受。"

苹果公司采用顾客至上的经营理念，努力提高自己产品的质量、功能和服务，使消费者购买他们的产品。在企业领导人的重视下，顾客至上的企业文化得到了更好的贯彻与执行。乔布斯曾表示，技术不是最困难的，困难的是如何确定产品和目标消费者。除了电子、技术和生产能力外，企业还必须有很强的市场营销能力，始终倾听消费者的需求。"在一般人与高深的计算机之间搭起桥梁"是乔布斯创业的初衷。

（三）支持冒险

美国文化是移民文化，移民冒着风险从熟悉的环境来到陌生的地方，经常遇到新的事物和新的问题。他们需要打破常规，适应新的环境。他们要不断尝试、不断创新，从挫折中学习，从失败中总结，从成功中得到鼓励。这造就了美国人的冒险精神。美国有众多的风险投资家就是一个最好的例证。丹麦哲学家哥尔科加德有句名言："野鸭或许能被人驯服，但是一旦被驯服，野鸭就失去了野性，再也无法海阔天空地自由飞翔了。"苹果公司就喜欢用这种具有"野鸭精神"的人。这种人勇于冒险，能不断开创新事业。

苹果公司一直我行我素，敢冒高风险甚至反潮流。公司的信条是：进行自己的发明创造，不要在乎别人怎么说，一个人就可以改变世界。正是这种大无畏精神使苹果公司能够推出令广大用户喜爱的产品，并创造出鼠标定位器和图像表示法。苹果一直以这种冒险精神为傲。它曾在公司楼顶悬挂海盗旗帜向世人宣称"我就是与众不同"。当今企业的技术日新月异，尤其是在 IT 行业，思想稍有陈旧就会被时代所抛弃。而苹果公司正是因为坚持勇于冒险、不断创新、尊重个人价值和顾客至上的企业文化，才能在这样的大环境中屹立不倒，并且不断引领世界的潮流。

二、美国企业文化的特征

美国企业文化的特征有以下几个方面。

（一）重视自我价值的实现

苹果公司奉行"人人参与""群言堂"的企业文化，正是这种企业文化促使企业不断开发出新产品，从苹果笔记本到 IPHONE、IPAD 系列产品，都受到大众追捧。

摩托罗拉公司认为，责任与权力是有机的统一体，要让员工完成好本职工作，就要尊重并信任员工，同时给员工充分的权力。公司成员自愿加入新业务开发团队中，只要达到公司的绩效标准就可以获得相应的奖励，即使失败了，小组成员原来的职位和待遇也会保留。因此不管多么异想天开的想法，都能在摩托罗拉公司得到宽容和理解，科学的假设是被鼓励的。

（二）提倡竞争和重视效率

竞争会创造效益，但竞争的目的不是消除竞争对手，而是促使各方更加努力工作。美国企业十分重视为员工提供公平的竞争环境和竞争规则，充分调动他们的积极性，发挥他们的才能。

IBM公司以员工的贡献来对员工进行评价，强调高效率工作，鼓励管理者成为技术专家。福特汽车公司以业绩作为提升职位的标准，按照其能力对应其职位的原则严格行事。前福特总裁亨利·福特曾说："最高职位是不能遗传的，只能靠自己去争取。"

（三）鼓励创新

"追求卓越""创造优势"一直是美国企业孜孜不倦的追求。可以说，美国的企业文化就是"创新型文化""竞争型文化"。目前国际上许多优秀的美国公司都继承了创新这一传统，从而使美国的经济一直处于国际领先地位。美国企业文化中包含的这种强烈的求新求变的精神，使许多美国企业家勇于创造，不断开发新技术和新产品。如亨利·福特首创世界第一条大规模生产流水作业线；泰勒最早创建"科学管理"原理；德鲁克首先提出"目标管理法"；通用汽车公司创造了高度集权下的分权制；杜邦公司发扬不停顿精神，不断开发新产品。明尼苏达采矿制造公司董事长威廉·麦克唐纳说："企业主管是创新闯将的后台。"

美国人开创的许多管理理论和方法，至今仍为国际上的许多企业所借鉴和采用，成为人类社会的共同财富。可以说，创新是美国企业保持持续竞争优势的关键。

（四）利益共享

美国大多数企业都是股份制企业，企业通过制订员工持股计划，鼓励员工持股，鼓励员工积极参与企业经营管理。最为重要的是员工通过持股，获得了额外的收入，有利于提升他们的经济水平、社会地位和安全感。美国沃尔玛公司、希尔顿公司等拥有一个共同点，即将一部分股份作为工资或福利分给员工。惠普公司通过为员工子女提供助学金等方式增加员工福利，让员工可以共享成果。其他知名的美国公司大多也都用期权将企业和员工的未来紧密衔接在一起，一步步打造全新的跨国行业巨头。

三、美国企业文化的管理特点

作为世界上的经济强国，美国的企业在世界经济中占有举足轻重的地位。剖析美国企业文化中管理机制的特点，对于我们正确分析美国的社会、经济乃至文化走向，逐步建立有中国特色的企业文化有很重要的意义。美国企业文化中的管理机制，主要包括以下几方面内容。

（一）通过有序竞争实现个体发展力与群体创造力的良性整合

美国企业最重要的特色是鼓励员工自由竞争。所谓自由竞争不是盲目无序的竞争，而是合理有序地竞争。通过竞争，员工充分显示自己的才华，证明自身的价值。通用电气公司总裁韦尔奇说："美国人天生就不是抱怨者，所以不要纵容或保护他们，要鼓励他们去竞争，让他们接受挑战，并以平常心去看待所发生的事。凡是走完这条路的人都不会失望。"归纳起来，美国企业的竞争特点有以下几方面。

第一，美国企业鼓励员工发展创新意识。许多重大的发明创造，都是由员工实现的。美国企业历来有鼓励发明的传统，如明尼苏达采矿制造公司（3M）规定每位科研人员均应拿出15%的时间从事自选项目的研究。其结果是这些研究人员既完成了规定的科研项目，又有充裕的时间从事自己的发明创造。而这些创造又使员工的竞争十分激烈，新发明层出不穷。

第二，美国企业鼓励员工具有冒险精神。人是愿意接受挑战的，不断去创造、去冒险，才能敢为他人所不敢为，做他人所不敢做。迈克尔·戴尔（戴尔公司创始人）说："我们的事业充满了创新与实验，因为我们所尝试的许多事是前所未见的事物。"

第三，美国企业普遍有容忍失败的宽宏大量。3M公司有一个训条："你一定要犯一定数量的错误。"就是这个信条，使该公司"如此热衷于改革，以至于那里的基本气氛，与其说像一家大公司，倒不如说像一批松散的实验室，里面聚集着狂热的发明家和无所畏惧的、想开创一番事业的实业家。他们任自己的想象力纵情翱翔"。

戴尔指出："要鼓励人们更具创新精神，就必须让他们知道，失败了也没关系。"因为只有容忍失败，才会有创新，只有犯一些错误，才能不断进步。

在美国，员工的创新意识得到普遍的激励，这种激励不是停留在口头上或文件上的，而是具体落到了实处。如IBM公司的总裁托马斯·沃森在巡视其企业时，遇到有突出贡献的员工便当即从怀中取出支票本，兑现奖励。每年他们都有专项经费用于奖励员工的合理化建议，还将优秀的建议张榜公布。因此，这家公司的员工建议之风长盛不衰。

搞发明、搞革新、提建议、做批评，这些既使员工获得了在组织中的归属感和责任感，又使员工竞争意识空前高涨，在企业的正确引导下，这种员工间的竞争使企业凝聚力大大加强。

（二）自主管理使管理者与被管理者的合作具备了崭新的、实质性的内容

纵观现代美国企业，工人自主管理模式已基本取代了传统的监工式管理模式。这表现在：

第一，基层管理人员的管理跨度大大加宽了。在监工式的管理中，每位基层管理人员可管理的员工人数为10人左右，而自主管理使管理跨度扩大到50～70人。1981年福特公司率先取消了总领班这一实行多年的制度，1987年这家公司以及通用汽车公司又取消了监工这一职位。现在几乎所有的大公司都取消了监工制度。这是企业对工人自主管理效应的充分肯定。

第二，实行工人自主管理，减少了基层管理人员的数量，使企业组织机构趋向扁平化，有利于提高企业的生产效率。

第三，员工之间因缺少人为的组织界线和对管理模块的分割，加强了相互间的沟通与协作，进而达到深化竞争的效果。沃尔玛公司的创始人山姆先生把沃尔玛的雇员全部称为"同仁"。他认为"雇员""同仁"这两个词之间有很大的区别。"雇员"是指为别人工作的人；"同仁"则是指像盟友一样结成伙伴关系的人。

第四，工人自主管理，领导人员从监督者、控制者的角色转变为指导者、协调者的角色，管理者有更多的闲暇时间进行横向联系和纵向沟通，这样企业便由模块式向多维联系的网络化方向前进了一大步。

（三）参与制增强了员工对企业的归属感

麦格雷戈在《企业中人的方面》一书中指出："人群中普遍存在能解决组织问题的想象力、才智和创造力。"如果条件恰当，人们不但不会逃避责任，还会主动地承担责任。当企业为人们提供和创造了优秀的制度环境时，人们便会产生由衷的归属感和参与意识，从而使个人价值得到充分的展现。人们的自我实现从行为科学的角度看，最高的目标莫过于自由发挥自身的才智和力量。好的组织应给人们提供这种机会，人们也会甘愿为这种组织尽心尽力。

现代美国企业鼓励员工参与管理的途径有很多种。这里我们着重介绍美国企业现行的两种参与制度。

一是磋商制度。美国企业首先实行了这种制度。这是由工人代表和管理人

员代表进行磋商以解决企业中存在的问题或制定重大方针政策的制度。磋商的内容主要包括财务工作、人事管理、生产政策、技术改造、企业外包等。通过磋商，企业上下达成一致，实现个人目标与企业经营目标的整合。

二是劳资委员会制度。这是以法律形式固定下来的制度。委员会中劳资双方人数对等，共10人，主要用于解决劳资纠纷、工人聘用与解雇等方面的问题。

另外，还有1/4以上的企业设有工人委员会和管理人员委员会，必要时双方进行集体谈判。

许多美国企业实行员工参与制后，都取得了意想不到的良好效果。与传统的集权式家长作风不同，参与制使员工对组织产生了自觉的认同意识，使企业从激烈的劳资纠纷中摆脱出来，形成一种合作的、健康的、和谐的工作秩序和人文关系。

这种被美国人称为"利益共同体"的制度，实际上并没有改变美国企业的所有制形式、管理模式和分配制度，但终究是一种新鲜事物，并极大地增强了员工对企业的向心力。

（四）员工持股使雇员上升到股东地位

20世纪50年代，路易斯·凯尔索提出了一个EOP计划，即员工持股票计划。这个计划从二元经济学（即劳动收入与资本收入并重）的基点出发，试图通过立法的途径使员工成为公司的股份持有人。这项计划规定企业应从税后利润中取出相当的份额用于员工持股计划。

在美国，人的价值往往通过财富来衡量。这在观念上既影响了有钱人，也支配着一贫如洗的人。员工的自由、参与或创造如果离开了物质利益的满足便显得苍白无力。马克思说："人们奋斗所争取的一切，都和他们的利益有关。""一切社会暴力、一切政治革命都仅仅是手段，唯有经济利益才是最终目的。"员工对物质利益的追求有其合理性，源自发自内心的动因。企业与员工要实现管理者与被管理者的密切合作，就必须部分满足员工的利益追求，迎合他们的价值取向。

这里需要指出：第一，以利益共同体为突出标志的美国企业管理机制的各项成就，是员工在斗争中取得的收获，而不是企业所有者恩赐的产物；第二，员工参与管理、成为股东、获得利润分享权的制度还刚刚起步，而且人数有限，这些都不足以改变美国社会和美国企业的根本性质，也不足以改变美国企业和美国社会的生产关系。不过，当企业的拥有权是一批股东而不是个别股东，当企业的管理权属于雇佣人员而非企业主，当员工可以参与管理而非被动接受管理时，一般的管理人员和普通员工的利益要求也就有了实现的条件。这虽然不是一场根本的阶级革命，但也是一次合理的社会改良。

第二节　日本的企业文化模式与管理特点

日本社会结构稳定，思想观念具有很强的共同性。同时，日本民族受中国儒家伦理思想的影响，侧重"和""信""诚"等伦理观念，使日本高度重视人际关系的处理。这些促使日本企业文化重视团队精神的培养。"和"被日本企业运用到管理中，成为企业行动的指南。

以团队精神为特点的日本企业文化，维护企业上下的一致和和谐，互相谦让，强调合作，反对个人主义和内部竞争。企业是利益共同体，共同的价值观念使企业目标和个人目标具有一致性。企业像一个家庭一样，内部成员和睦相处，上级关心下级，权利和责任划分并不那么明确，集体决策，取得一致意见后才做出决定，一旦出了问题不归咎于个人责任，而是各自多做自我批评。企业对员工实行终身雇佣制、年功序列制。

日本是一个岛国，但并不封闭守旧，革新精神强，大量吸收西方文化，重视科学技术和理性管理，并与传统文化结合起来，形成强大的生产力。

一、日本企业文化的模式

（一）以社为家、国家至上的价值观念

大多数日本企业家认为，企业不仅要获得经济效益，更要满足企业员工的需求。日本企业普遍采用家族化的管理方式，将员工看作家庭成员，注重培养员工的忠诚度，从而使企业具有较强的凝聚力。日本企业员工认为，出色地完成工作任务是自己应尽的义务，是获得其他权利的前提。当然员工的忠诚并不意味着被动地恭敬和献身，而是强调通过自己的努力与奋斗来提升自身的业绩，只有做好本职工作才算履行了义务。

日本人的价值观念还特别注重将企业自身的目标和整个社会、国家的责任联系在一起，推崇国家至上的价值观念。所以日本企业在追求自身经济利润时还会履行社会责任，将企业功利与社会责任相结合。这使企业赢得了更多顾客，也获得了政府的支持。

（二）家族主义

所谓家族主义，是把家庭的伦理道德移植到企业中，而企业管理活动的目的和行为是为了维护企业的利益，充分发挥企业的实力。

与中国人的血缘"家文化"相比，日本人的"家文化"有显著的差异，强调的是一种财产的"家文化"。因此，日本人的家族文化理念被赋予了一种社会价值，促使家族文化的管理思想及方法迅速推广，并获得员工的支持。同时员工在"家"中凭借能力与忠诚获取自身的地位。这也是日本企业具有强大凝聚力的驱动因素，如松下公司奉行的友好合作、礼貌谦让及团结一致精神。与中国企业不同，日本企业多数采用的是终身雇佣制。这种制度的最大优势是能够为企业锻炼和培育一批忠诚的管理骨干作为中坚力量，来巩固企业的传统。这种家文化可以为员工创造舒适、和谐、健康和易沟通的工作氛围，使员工对公司产生归属感和忠诚感，从而为企业创造更大的价值。

（三）以人为中心

日本的企业有很多是家族式企业，故而具有浓厚的人情味。员工进了企业，就像到了一个大家庭，此后自己的人生发展就与企业绑定在了一起，与企业息息相关。日本企业实施的终身雇佣制、年功序列制、企业工会制，都是围绕人这一中心建立的。松下幸之助将"集中智慧的全员经营"作为公司的经营方针。因此他特别重视人才，特别重视集体的智慧。他认为人是企业发展的关键，而且人具有很强的可塑性，经过塑造可以培养出很多优良的品质。松下幸之助经常说："领导要给予下属引导和教导，这是每个领导者都不能推卸的责任和义务，也是培养人才的重要工作之一。"因此，松下不仅制造电器产品，更注重培养人才，从员工需求出发，建立培训机制，推行弹性工作制等。从这可以看出，日本企业文化非常重视发挥人才的作用。

（四）创新意识

日本是一个岛国，自然资源十分匮乏，所以整个民族也就有了非常强的危机意识和责任感。他们比较擅长从其他民族吸收经验来完善自我，"当面临重大变化的时候，日本人有迅速适应新事态的特长，而不受过去经验的束缚""日本人有其特点，当他们面临重大变革时，能够不顾任何重大打击，不囿于以前的立场和经历，在新的基点上重新站起，竭尽全力适应新的局势。这种积极的适应能力，有着优良的传统"，这种文化传统在企业中就表现为创新意识。日本企业文化的"创新"具体表现在以下几方面。

1. 熔炉文化

日本在企业管理中比较注重积极引进和学习一些西方强国的经典理念与方法，也比较注重学习中国的传统文化精髓。这些内容的结合让日本形成了古今一体、东西合璧、兼容并包的企业文化。著名的企业家松下幸之助曾经这样说："培养学习的精神是让日本企业逐步走向繁荣的第一步，也是非常重要的一步"。这些内容也被日本的很多企业写入了经营社训中。日本企业家都认为不断学习吸取他人的长处，会给自身带来启发和进步。

2. 企业家精神

曾经有一句非常经典的话："企业家的任务就是不断地创新。"企业家不能安于现状，而是应该时时刻刻根据实际情况对企业做出创新与改进。所以现代管理学也认为企业家本人是需要具备创新精神的。

日本学者把"本田精神"归结为三大要点："人要有创造性，绝不模仿别人；要有世界性，不拘泥于狭窄地域；要有被接受性，增强相互的理解。"索尼公司的创始人盛田昭夫也曾一再强调，要去积极地开创那些没人去做的新领域。他自己所写的《索尼走向世界——盛田昭夫自述》一文把这种方式称为"企业生存之路"。

二、日本企业文化的管理特点

制度典章是安排人际关系的企业文化形式，代表着一种企业秩序。它通过制定规定与制度的手段来规范全体员工的行为，是法律、道德、文化意识在企业经营中的具体反映。其功能是通过一套特定的制度来分配权力、地位、财富。如企业文化制度、福利制度、人事制度等。

日本企业文化管理包含了一整套独特的人事劳务管理方法。它的主要内容包括：终身雇佣制，企业负担员工工作和生活上的全部需求；以培养同质性企业人才为目的的在职定期训练；为培养全面人才而实施的部门流动制；年功待遇和地位序列制度等。日本的企业制度让员工有高度的心理安全感。日本企业文化管理的三大支柱是：终身雇佣制、年功序列制、企业内工会。

（一）终身雇佣制

日本企业最重要的特点是终身雇佣制。终身雇佣制是日本企业人事制度的核心部分，是日本与欧美国家最为显著的区别。所谓终身雇佣制，是指大企业或政府部门在每年春季进行一次招聘，新进人员一经雇佣就一直工作到退休年龄为止。一般雇员只要不犯重大刑事罪，就不会被解雇。

终身雇佣制的积极作用主要包括：

第一，它带来了稳定的就业。这里包括三层意思，一是对员工身份的切实保障。员工一旦被企业录用，只要服从领导，与同事保持良好关系，按部就班地工作，即使没有特殊的贡献，只要企业没有遇到重大危机，就没有被解雇的危险。二是雇佣内容的包容性。员工一旦被企业聘为正式职员，就可以得到企业提供的完成工作所需的全部资源，包括小到工作服、大到宿舍的各种物质条件。员工可以在企业毫无后顾之忧地工作一辈子。三是企业内部的人和。企业采取了一系列措施，防止有碍人和的问题发生。例如，部门的人事安排尽量考虑年龄和资格相近的人员，工资和报酬以个人的年龄、工作时间等客观指标为基础。这种做法减少了同事之间产生妒忌、反感和对立的可能性，上下级之间发生冲突的机会也大大减少。

第二，灵活的人事管理。这里同样包括三项内容：一是企业在雇佣员工时主要考虑的不是他是否拥有特定的技能，而是他的体力、适应性、性格、工作热情以及学历等基本素质，然后由企业统一培训，把他们培养成企业所需要的人才。二是培养具有高度适应性的员工。企业安排职员在各个部门轮流工作，让他们积累多方面的经验。这样做的好处是企业根据市场需求改变组织架构时，员工可以很快适应新岗位。三是灵活的人才使用制度。员工在企业中工作一辈子的前提是企业要根据每个员工的特点调整工作岗位，为每一个人找到适合自己特点的岗位。

第三，培养就业人员对企业的认同感。稳定的就业环境使员工的各种需求在企业内部都得到了满足。同时，企业内部灵活的人事管理制度使员工的能力得到了最大限度的发挥，从而使员工产生"我是企业一分子"的认同意识，进而把精力全部奉献给企业。员工对企业的高度认同感是日本企业的重要发展动力。

（二）年功序列制

年功序列制是日本企业对员工按工作资历进行提升的制度。如某个大学毕业生被某大企业雇佣，进入终身雇佣的行列，就等于上了年功序列制的直升电梯一样。同一级的一起提升，特别是刚雇佣的员工，相当长的一段时间内（一般10年左右），晋升工资待遇完全与员工资历的增长、技术的提高同步。

这种非常迟缓的评价与晋级过程考察的是员工的长期行为，排除了员工玩弄哗众取宠、短期见效手法的可能。这种过程对于有抱负的年轻人似乎太慢，但却促使人们以非常坦率的态度对待工作合作、工作评价。因为这种制度使每个人的工作能力和工作实绩完全地、充分地表现出来,所以在企业内部往往出现职衔和实际所负的责任不一致的现象。资历较深的人拥有职衔,而年轻有为的人承担实际的责任并主持业务。这种职衔与实际所负责任脱节的现象有助于最能干的人迅速负起较大的工作职责,经过较长时间的实践,被充分证实确实有才能的员工,就能得到晋升。而资历长、曾经有过贡献的人,尽管存在受到年轻有为员工冲击的情况,但他们的职衔和资历都是有保障的。这种人人都能看到、人人都有平等机会获得的实惠,使员工有比较明确的目标,每个人也乐意等待机会。

终身雇佣制和年功序列制的合力使企业内部形成了层次化的组织,在这种根据客观条件形成的等级里,组织内部的裙带关系、个人好恶等因素缺乏生存的基础和条件,比较容易被清除掉。员工的安排完全由企业决定,员工把自己的全部生命都奉献给企业,每个人都努力证明自己对企业的忠诚。企业内部人员间的互相合作、一致对外的顽强竞争精神,使企业形成一种强烈的集团主义——集团价值观、行为方式和责任感。这是日本企业文化的第二大支柱。

(三)企业内工会

以企业为单位建立工会是日本企业的一个重要特征。日本工会的一个特点是将对象限定为正式员工,一旦被企业正式录用,就自动成为工会会员,无论是白领还是蓝领,都加入同一个工会组织。工会组织的基本职能是争取提高员工工资待遇和稳定就业。日本工会在这方面发挥了重要作用。在世界性的经济危机爆发后,金属行业的企业工会率先提出了经济整合论,倡导员工对大幅度增加工资的要求加以自制,帮助企业渡过难关,从而最大限度地保护员工的长远利益,同时也保证了日本企业的稳定与发展。

正是由于工会的作用,日本保持了低失业率和稳定的价格体系。经济高速增长是企业内工会采取协调路线的重要条件。员工意识到只有与企业齐心协力,努力工作,使企业得到不断发展,才能实现稳定就业的目的,最终实现生活水平的提高。为了增强企业在市场中的竞争力,员工自觉地参与企业的产品质量管理活动和以降低生产成本为目的的合理化活动,在企业经营困难时放弃增加工资的要求,甚至主动要求降薪。员工对企业的高度认同感使日本在经济危机时期没有发生大规模的失业,为保证日本经济的高速增长和稳定发展发挥了重要作用。

第三节　欧洲国家的企业文化模式与管理特点

大部分的欧洲国家，特别是西欧的制造业和贸易业都已发展到相当完善的程度。因此，每个国家都拥有历史悠久的企业文化。学者通常按资本主义社会企业文化的"软""硬"度来进行分析研究。英国的企业文化是最硬的，以自由市场、激烈竞争、短期主义为特征。德国相反，可以说是社会市场经济，有庞大的福利支出，劳资双方关系紧密，有以长期贷款为基本思想的金融市场。法国的企业文化以劳方较少参与管理、政府和企业关系紧密为特点。

一、欧洲国家企业文化形成的背景

虽然欧洲企业文化的精神基础是相同的，但由于各个国家民族文化的不同，它们的企业文化也存在差别。

英国人由于文化背景的原因，企业家的价值观念比较讲究社会地位和等级差异。员工除了用优异的管理业绩来证明自己的社会价值，还会千方百计地加入上层社会。因此英国企业在企业经营中墨守成规，冒险精神差。

法国最突出的特点是崇尚民族主义和充满优越感。因此法国的企业管理表现出封闭守旧的观念。

意大利崇尚自由，以自我为中心，所以在企业管理上显得组织纪律差，企业组织的结构化程度低。

德国人组织纪律性强，而且勤奋刻苦。德国的企业决策机构庞大、决策集体化，从而保证工人能参与管理。企业往往要花较多的时间论证才能做出决策，但决策质量高。企业执行层划分严格，各部门往往只有一个主管，不设副职。员工广泛参与企业管理。许多法律都保障了员工参与企业管理的权力。

二、欧洲国家的企业文化与用人理念

英国企业崇拜文化，认为只有融入了企业文化，才能把个人发展和企业发展融为一体，员工才能事半功倍地发展。在英国，人们喜欢干脆利落、开门见山的工作方式。求职者应在简历的开头就明确写出求职目标。同时，英国企业希望求职者言之有物，最好附加一些精确的信息、具体的时间、体现你特定能力的具体数字或你为原来所在工作部门赢得的利润额等。英国企业要求员工有

严格的时间观念并注重礼节。英国老板不会对员工随便发火，同事之间也很少激烈地争辩，他们厌恶说谎，注重实干。

德国人严谨认真，讲究逻辑，讲诚信，讲承诺，一旦有过约定就一定会兑现。英语是主要交流工具，不管应聘哪个职位，英文的听、说、读、写都要过关。尽管流利的英语能让你在德企沟通无阻碍，但如果想做到中高层，还是得会说德语。这不仅更有利于沟通，最重要的是在心理上能让德国人觉得更加亲切。自己付出了劳动，就要相应地得到报酬。这些都可以在合作之前谈清楚，同意则干不同意则罢。如果老板让你加班，你可以当着老板的面把加班的条件说清楚。这种做法会得到德国上司的称赞，因为这样的行为极具商业意识。在选拔本土人才时，德国企业更青睐拥有同样特质的应聘者。如西门子最青睐年轻、充满活力的专业人士以及工程师。他们对人才主要从三个方面进行考察：知识、经验和能力。知识包括专业理论知识、商务知识和市场知识；经验包括本专业领域的实际经验、项目经验、领导经验和跨文化工作经验；能力包括推动能力、专注能力、影响能力和领导能力。

法国人浪漫而且深深热爱自己的国家，在他们眼里也许没有一个国家比法国更美了。世界最大的化妆品集团欧莱雅，招人时不把事前准备作为加分的主要因素，细节不起主导作用，安排当场测试，要通过各方面的考察最后做出综合判断。就像面试者的个人形象，只要对将来的工作没有负面影响就可以。欧莱雅公司认为自己是一家从事美丽事业的公司，外表的美感完全可以让员工加入公司后，在美的环境中熏陶形成。

意大利企业与员工的特点是相对欠缺时间观念，他们认为迟到不一定就表示不尊重；他们喜欢当面探讨生意，不喜欢借助电话、电子邮件等；他们十分健谈，思维敏捷；他们在生意场上比较讲究穿着，十分优雅。

三、欧洲国家企业文化的管理特点

（一）理性管理传统

在欧洲，企业组织严密，管理集中，讲求实效，富于理性。在人员配备上，欧洲企业要求严格，注重精干，各部门职责分工明确，讲究工作效率。欧洲企业在经营中严守法律，坚守信用，一丝不苟。

（二）研究开发与创新精神

在欧洲，企业重视研究与开发，强调产品更新和技术创新。技术创新带来

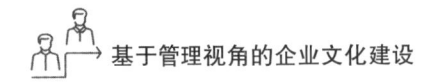

产品更新，产品更新又推动技术创新。国家制定相应的政策支持企业的研究与开发，如法国的技术政策、经济发展政策与企业有密切的联系。

（三）全球意识和战略眼光

由于欧洲各国自然资源不太丰富，所以欧洲的进出口贸易在经济上占据十分重要的地位。欧洲各国企业特别重视在世界市场中的竞争，注重制定着眼于世界市场的经营战略。为了保证企业全球战略计划的实现，很多欧洲企业在确保卓越质量的基础上，还十分重视产品在全球的推广和销售。

（四）参与文化

欧洲企业注重全员参与管理与欧洲文化中的人文精神、追求民主和自由精神是密切相关的。在欧洲许多国家中，政府用法律形式规定了员工在企业中应该发挥的作用。有的企业设有由管理人员和员工代表组成的各级工作委员会；有的企业建立"经理参与系统""半自治团体""工作改善委员会"，让员工参与管理，经理站在客观的立场上协助员工解决问题，强化员工的责任意识；有的企业实施轮换工作制和弹性工作制，提出使工作适应人，而不是使人去适应工作。在德国，员工持有股票的企业已有很多，这使员工更加关心企业的生产经营，使员工参与管理意识增强，劳动效率也明显提高。

第四节　中国的企业文化模式与管理特点

21世纪以来，中国的企业既面临日益激烈的市场竞争，又面临经济全球化、网络时代带来的挑战和机遇。因此我们要加强企业文化的建设，把握中国企业文化的发展方向，提出符合国情的、有中国特色的企业文化理论，增强对企业文化建设的科学理论指导，从而提升企业的核心竞争力，适应现代化企业管理的发展要求。

一、中国企业文化的发展趋势

（一）改革开放以来的两次企业文化建设热潮

中国企业于1984—1988年期间，经历了第一次企业文化建设热潮。当时，许多中国企业对西方的企业文化理论进行热烈的研讨，并结合中国企业情况，完善了自己企业的企业精神、企业作风建设制度。与第一次企业文化建设热潮相伴随的是第一次思想解放运动，企业初步从计划体制的羁绊中解脱出来，开始树立商品经济观念、竞争观念、追求利润的观念、效率和效益观念、开拓创新观念、市场营销观念、战略观念、人力资源开发观念等，极大地促进了中国的改革开放和企业生产力的提高。

面对全球经济危机，增长乏力的挑战，特别是中国经济增速放缓的严峻考验，第二次企业文化建设热潮已经悄然到来。越来越多的企业管理者学习企业文化的理论，越来越多的企业把企业文化策划和企业文化更新列上议事日程，越来越多的学术团体和政府部门召开了丰富多彩的企业文化研讨会。这预示着中国企业的第二次思想解放运动已经开始。如果说20世纪80年代第一次思想解放运动的主题，是由计划经济体制向市场经济体制转变的话，那么目前开始的第二次思想解放运动的主题，则是由不规范的、相对封闭的市场经济向规范的、全球化的市场经济转变。它所解决的课题是中国企业如何走向国际化经营之路，如何面对全球化的竞争，如何与跨国公司争夺稀缺人才资源，如何应对知识经济，如何规范市场运作，如何进一步改革和完善企业经营和管理，如何破除对西方经营管理理论、西方文化的迷信。第二次思想解放运动使"西方意识形态"走下神坛。我们应该对多年的改革开放进行必要的反思，对本企业的正反两方面的实践经验进行总结，得出一些独立的判断。笔者相信，诸如"企业是纯粹的经济组织""企业追求的是经济效益最大化"等观念将被淘汰；与文化管理相对应的崭新观念，如诚信是金、以人为本、以义求利、学习型组织、育才型领导、绿色经济、战略同盟、追求"双赢"等，将被更多的中国企业所接受。一个内聚人心、外塑形象的企业文化建设热潮，必将推动又一批中国企业走上面向世界的发展之路。

（二）和谐管理成为中国企业文化建设的必然趋势

有着五千年悠久历史的中国，不仅是礼仪之邦，更注重和谐社会的打造。早在春秋战国时期，以孔子为代表的儒家就提出了很多关于"以和为贵"的思想与主张。"礼之用，和为贵"，"己欲立而立人，已欲达而达人"，"己所不欲，勿施于人"等，其共同的核心思想即无论大小事都要推己及人，以和谐的办法去做，那么人民就会幸福，社会就会安定，国家就会富强。无独有偶，在欧洲的资产阶级革命中，曾多次听到"自由、平等、博爱"的呼声，而这与"以和为贵"的儒家思想不谋而合。进入现代社会，我们把"民富国强""共同富裕""民主、平等、和平、幸福"作为社会主义的奋斗目标。

企业作为社会的重要组成部分之一，也应采用和谐管理的方式。企业要实现和谐管理，必须做到以下六个方面。

1. 领导班子的和谐

没有失败的士兵，只有失败的将军。可见，领导团队的建设对整个企业的稳定、和谐发展起到至关重要的作用。领导班子要和谐，首先价值观上要高度一致，尤其在关键问题上要有统一的判断标准，才能确保形成由上至下贯彻一致的思想。孔子曰："君子和而不同，小人同而不和。"企业领导要立足于"和"，着眼于"不同"。没有"不同"的和只能是一团和气，不利于企业活力的激发。因此，"和"不是简单地"合"，更不是靠领导意志的"统"，而是一种"融"的境界，即在保持高度统一的同时，又要容纳不同意见，集中群体智慧，实现求同存异的真谛。

2. 上下级的和谐

领导班子的和谐是和谐管理的前提，那么上下级的和谐则是和谐管理最广泛、最深厚的基础。上下级和谐的关键在于领导者。首先，领导者要率先示范，只有上级以身作则、严于律己，才能赢得下级的信任，才能树立自己在广大员工中的威信。其次，是领导者对员工的关爱。在工作上，上级要帮助员工成长和发展，重视对下属的培养；在生活上，上级要关心员工的冷暖，保证下级的合法权益。最后，领导者要认可下级的成绩。上级的认可，是对下级工作的最大鼓励。作为领导，应该清楚了解员工的需求与动机，并适时地给予鼓励与认可，调动下级的积极性。这不仅有利于工作的顺利开展，还能使上下级关系和谐。

3. 企业与客户的和谐

首先，企业要做到与客户关系的和谐。客户是企业持续存在和发展的根基，质量可靠、价格合理的产品和良好的服务是吸引和留住客户的基础。因此，企业对客户要诚实、诚恳，不能欺骗、欺诈顾客，将客户利益放在第一位。胡庆余堂正是凭借对"戒欺"堂训矢志不渝地践行，最终赢得客户的忠诚，成为如今的百年老店。随着如今愈来愈激烈的市场竞争，多元化成为企业发展的趋势，客户需求也变得丰富多样。要保持与客户关系的持久和谐，企业就要更加注重市场导向，强化服务意识，真诚地为客户服务。

4. 企业与政府的和谐

提高企业自身的效益是为地方、国家经济发展做出贡献的第一步。企业实现这点，才能做到规范经营，依法纳税，全面准确地贯彻执行政府的指导方针和政策；才能帮政府解决就业问题，维护社会稳定，维护经济的均衡发展。当然，企业也应主动搞好与政府的关系，进行正确的公关，争取政府的帮助和理解，促进政府政策的制定。在政府与企业的关系中，政府往往起主导作用，所以就更应该要求各政府部门和各个公务员廉洁自律，做好对企业的管理和服务。只要政府与企业都顾大局、识大体，就一定会实现企业与政府之间关系的和谐。

5. 企业与社会大众的和谐

企业如果得不到社会大众的认可，不能与社会大众保持和谐的关系，是无法生存下去的，就犹如人没有了氧气。企业要把自己融入社会大环境中，积极承担社会责任，树立良好的企业形象，及时规避和化解各种冲突，与社会大众和谐相处。企业要做到与社会大众和谐相处，还有一个重要途径——与媒体建立良好关系，争取与媒体合作并友好相处。

6. 企业与自然环境的和谐

自然环境是人类生活的共同家园，企业发展不能以破坏环境（生态、能源、原材料等）为代价。任何破坏自然环境的经营活动都应放弃。企业要实现与自然环境的共同可持续发展。为了实现和谐管理，企业必须树立一些新的观念。具体如下：

第一，和谐竞争观念。这是要认识竞争与和谐的辩证关系。无论是企业内部还是外部，没有竞争，就没有活力，可以说，"竞争出效率"。但是企业一味地追求竞争，甚至是过度、恶意的竞争，必然带来内耗，破坏凝聚力。所以，企业要树立和谐竞争的观念——要在合作中竞争，在竞争中合作，实现适度竞争、良性竞争，从而达到双赢甚至多赢的效果。

2010年1月，中国移动与贝尔实验室等18家研究机构、运营商和设备制造商共同倡议成立绿色沟通联盟，致力于通过技术创新显著提升通信网络功效。2010年11月，公司受邀参加了联盟在阿姆斯特丹召开的大会，与各方共同探讨、分享通信行业节能减排的实践经验。这是企业在国际竞争中，开展和谐竞争的有益实践。"和谐"不是"一团和气"，要想实现和谐竞争，企业和个人必须严格自律，坚持道德底线。对于违背企业底线、丧失企业伦理的行为，我们要坚决揭露，并依法处罚。企业可以通过领导与员工的共同践行来培育团结和谐、互利共赢的企业文化，彻底破除不利于和谐的因素。

第二，和谐发展观念。我们不仅要在竞争观上追求和谐，在发展观上也要追求和谐，实现速度、结构、质量、效益等方面的和谐统一；实现人的发展与

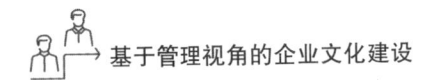

物的发展的和谐统一；实现发展主业与发展副业的和谐统一；实现企业发展的可持续与自然资源、生态环境可持续的和谐统一。煤炭、石油、电力等资源企业要处理好发展现有产业与培育接续产业的关系，使二者实现和谐统一。这种和谐发展观与科学发展观有异曲同工之妙。上述这些适度竞争、良性竞争的和谐竞争观，以及统筹兼顾、协调统一的和谐发展观，应该成为新时代企业文化的重要内容。

二、中国企业文化管理模式

（一）党政齐抓共管

如果说，欧美国家的企业更像是纯粹的经济组织的话，亚洲国家的企业则有所不同，日本企业是家族主义组织，不仅是经济共同体，还是生活共同体、命运共同体，与职工的荣辱进退密切相关。中国的企业更不是一种纯粹的经济组织，有明确的社会责任，尤其是思想教育的责任。现代企业管理经历了经验管理、科学管理、文化管理三个阶段。中国绝大多数企业正经历由经验管理向科学管理的转变，在这个过程中，企业不仅应健全制度，实行"法治"，还应建设好相应的企业文化。这是科学管理中国化的重要内涵。中国企业具有思想政治工作的优良传统和工作优势。我们应充分利用这些优势，使之与企业文化建设紧密结合，党政齐抓共管，探索具有中国特色的企业文化管理模式。

文化管理是 21 世纪的先进管理模式。在文化管理下，企业文化建设成为企业经营管理的关键环节。国内一些优秀企业，如海尔、联想、同仁堂等企业，已率先向文化管理过渡，其重要标志是以人为本，以文治企。它们无论在思想工作上，还是在企业文化建设上，都为众多企业指明了前进的方向。但是，一些中国企业在企业文化建设上还处在启蒙期或进入期，更加需要党政齐抓共管。在中国，特别是国有企业中，除了经济活动以外，还有政治活动和文化活动。党组织、团组织、妇联、工会等在企业内发挥着重要作用，具有极大的影响力和号召力，是企业文化建设不可忽视的力量源泉。如果能够发挥组织优势，企业文化建设就会获得广泛的群众基础。这就为企业文化建设奠定了坚实基础。许多企业已经形成了党政齐抓共管的格局，值得我们借鉴。一些企业把企业文化建设的主要工作交给了党委，凭借党组织的影响力，推动企业文化变革，并且企业各级经理的全力支持使企业向着更先进的方向发展。为了党政配合得更好，企业文化建设可以由党委牵头，宣传部或企业文化处主管，或者一套班子两块牌子。同时，在党委牵头的巨大号召力下，企业成立团委和工会，使它们成为企业文化建设的中坚力量，带动企业全体员工投入企业文化建设中。还有一种模式，由董事长或总经理牵头，党委全力配合，人力资源部或企业文化部主管，其主要优点是企业文化建设与企业经营管理紧密结合，从而更有效地促进企业竞争力的增强。这在股份制企业中被广泛采用。因为它更适合现代企业的需要，是一种更有前途的企业文化管理模式。

（二）企业思想政治工作与企业文化建设的交叉与融合

许多中国企业在企业文化建设和思想政治工作的具体实践中，提出了一个共同的问题：企业文化与企业思想政治工作是什么关系？

有人觉得，两者是一回事，因此抓企业文化是"画蛇添足"、多此一举，无非是给思想政治工作戴上一顶时髦的帽子而已。也有人认为它们不是一回事，企业文化建设是企业管理的有机组成部分，而思想政治工作则是落实党的路线方针政策、保持企业社会主义性质的客观需要。两者相比较，我们更赞同后者的看法。实际上，企业文化与企业思想政治工作既不是相互包含的，也不是完全重合的，而是你中有我、我中有你，是一种相互交叉、互为依存的关系。企业文化建设与企业思想政治工作有许多共同点：目标基本一致、对象完全相同、内容有相似之处、手段大体重合。企业坚持以经济建设为中心，一切工作必须从企业的生产经营出发，围绕生产经营进行。这就要求企业思想政治工作充分调动干部和员工的积极性、创造性，把企业内部的各种力量凝聚在一起，为实现企业目标服务。从这个意义上讲，企业思想政治工作与企业文化建设的目标是一致的。企业文化建设和企业思想政治工作的对象都是企业的全体成员。企业文化建设强调以人为中心、重视人的价值，企业思想政治工作则强调广大成员的企业主人翁地位，提倡尊重人、理解人、关心人、爱护人。同时，两者又有很大的不同，企业文化建设本质上属于经济文化范畴，而企业思想政治工作属于政治文化范畴。

从企业文化建设的角度看，其核心层次——精神层的内容，如企业目标、企业哲学、企业宗旨、企业精神、企业道德、企业风气等都属于企业思想政治工作的范围；其中间层次——制度层的形成和贯彻，也离不开企业思想政治工作的保证和促进作用。从企业思想政治工作的角度看，其大部分内容直接与企业的生产经营活动有关，而且比例日益增大，这些内容都可以划入企业文化建设的范围。

从上述分析可以得出结论：企业思想政治工作是培育企业精神、建设企业文化的主要手段，而企业文化建设则为企业思想政治工作与管理工作的密切结合提供了一个最好的形式。加强企业文化建设，就可以使企业思想政治工作与企业管理工作更好地拧成一股劲，由"两张皮"变成"一张皮"。

企业文化建设要求企业思想政治工作紧紧围绕着生产经营工作来开展，要求企业的管理工作以人为中心，向干部和员工的价值观和道德领域深入，使二者水乳交融、相得益彰。

自改革开放以来，中国企业实行了厂长、经理负责制。这对强化企业管理、改善企业经营无疑产生了巨大的推动力，但我们不能忽视党组织的政治核心作用，不能削弱企业内部的思想政治工作。作为企业的法人代表，处于生产经营活动中心地位的董事长、总经理，理所当然地成为企业文化建设的带头人。而负责企业思想政治工作、处于企业政治核心地位的企业党组织，则理应成为企业精神培育、企业文化建设的核心力量，广大共产党员应该成为企业文化建设的骨干和模范。

三、中国企业文化管理的特点

改革开放以来，乡镇企业、民营企业、家族企业等新的所有制类型的企业先后登上历史舞台，与国有企业同台竞技，形成了规模、所有制、经营领域多样的中国企业族群。我们在具体分析各种类型企业文化特征的基础上，归纳其共同特点，把握中国企业文化特征。我们要建设中国特色的企业文化，就要以先进文化引领企业文化建设，为当代企业文化注入社会主义的思想内涵，使其具有社会主义的精神特征。

企业文化管理要反映中国发展的时代要求和社会主义文化的本质特征。企业文化是一种管理文化，是企业价值观念、制度规则、品牌理念、营销方式的提升和凝练。它的进步和发展不断拓展着我国经营管理思想的内涵。企业文化又是一种道德文化，始终伴随着道德判断和道德追求。企业在追求利润的同时，必须树立造精品、讲诚信、树形象、创效益的道德观念；员工必须树立遵纪守法、爱岗敬业、团结协作的信念，正确处理国家、集体和个人三者利益之间的关系。这直接影响着公民道德水平、素质的提升。企业文化还是一种企业家文化、经营者文化，企业家的理想、人格、思维、智慧、胆识和风格，在各具特色的企业文化模式中得以凸显。企业文化品位的高低，反映着企业经营者的综合素质，体现着企业领导人的文化追求。一个又一个企业文化模式的建立，一个又一个企业文化活动的开展，都是因为当代中国先进文化为其提供了深厚的文化根基和牢固的理论立足点。

企业文化管理要坚持社会主义先进文化的发展方向。首先，企业文化建设要坚持民族性，要建立有中国特色、中国气派、中国风格的企业文化模式，使企业文化在中国获得新的生存形态和精神境界。其次，科学性是中国企业文化建设的又一特色，要求企业文化建设必须遵循马克思主义科学世界观和方法论，按照科学精神创设制度体制，规范管理程序和行为，构筑企业精神价值系统。最后，大众性和开放性是我国企业文化建设的本质属性。我国企业文化立足于广泛的群众共建活动基础之上，因而不断从人民群众的创造活动中汲取营养，又用健康的文化成果反哺社会和群众，形成良性循环的发展机制。批判继承、创造转化、综合创新、超越发展是我国企业文化开放性的价值意蕴和文化取向。实践表明，这种开放性使我国企业文化自觉地在当代社会主义文化引领下发展，从而具备科学性、先进性。

企业文化管理要最大限度地发挥企业文化的整体功能，全方位提升企业的综合素质和核心竞争力，使企业在强劲而深厚的文化动力中获得跨越式发展。最大限度地发挥企业文化的整体功能，也就是发挥企业文化的导向功能、激励功能、约束功能、凝聚功能、纽带功能和辐射功能。综观国内外企业的发展，几乎所有"明星企业""名牌企业"，都创造了自己的企业文化，这绝非偶然现象。因为企业文化建设对企业经营效果所起的作用越来越显著，企业文化对企业形成内部凝聚力和外部竞争力所起的作用，越来越受到人们重视。随着知识经济时代的到来，文化的力量和作用更加巨大。唯有精心提炼企业精神文化，全面构筑企业制度文化，不断完善企业经营文化，锐意打造企业品牌文化，成功塑造企业良好形象，将企业家的文化引导使命与全体员工的主体建设作用结合起来，通过各种文化网络为企业的改革、发展和创新输入文化活力，中国企业才能实现跨越式发展。

企业文化管理要从中华文化的历史积淀中获取对现代企业经营管理有益的经验。中国传统文化中的儒家、兵家和道家思想在许多方面与现代企业管理理论所倡导的经营理念、战略思想和管理原则相符。有学者曾将儒家管理思想精华归结为"重在治国、以人为本、以和为贵、知人善任"，将兵家的管理思想精髓概括为"深谋远虑、雄才大略、随机应变、速战速决"。显然，儒家的管理思想与现代企业人本管理理论的主张、现代企业人力资源管理原则的要求是十分吻合的。而兵家的管理思想则完全可以与现代企业战略管理所归纳的企业战略制定的指导原则、程序和战略措施相对应。道家对于世界万物和规律的认识方法非常值得现代企业家借鉴。《孙子兵法》被美国人纳入50种管理学必读书目，还被认为是战略概念的起源。也许因面临激烈的市场竞争，一些现代

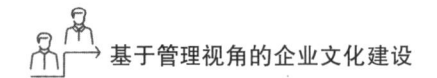

企业管理者无法深刻体会儒家以和为贵思想的作用，但在战略管理中融入《孙子兵法》的战略思想则一定是行之有效的。"夫兵形象水，水之形，避高而趋下，兵之形，避实而就虚。水因地而制流，兵因故而制胜。"这无疑是指导企业管理者制定和实施战略的至理名言。

　　企业文化管理要从中华文化的人生哲学中获取企业文化的理论资源和精神动力。中华文化源远流长、博大精深，有着丰富而优秀的思想文化资源，是我们企业文化取之不尽、用之不竭的思想宝库和精神源泉。比如，中国传统文化有三个概念：一是天人合一，二是内圣外王，三是儒道互补。这三个概念各自从不同的角度表述了中国传统文化的内涵和特质。"天人合一"主要是讲中国人的精神追求与思想境界，强调人的行为要与最高的"天道"相符合。"内圣外王"是对人生道路的选择和设计。我们中国人理解人生时往往分内、外两个方面：内就是指如何做人，如何加强修养。完善自己，这是"内圣"；同时还要"外王"，一个人不能满足于独善其身，自己充实了，修养提高了，最终要为社会做贡献，实现人生的价值。儒道互补是对中国传统文化内容和结构的概括，先秦的诸子百家学说大都衰落了，只有儒家和道家的学说得以广泛流传和发展，最终成为中国传统文化的两大主干和主体结构。儒道两家学说在历史的发展中逐渐形成了互补的文化机制。以上三个方面所代表的中国传统文化，对于我们今天的企业文化建设有着重要的现实意义，在构筑企业文化模式时，不管是在思想和行为方式上，还是在价值观念等方面，都有借鉴的价值。

第六章　企业文化建设与企业思想政治教育工作的融合

第一节　企业文化建设与企业思想政治教育工作融合的现状

一、企业思想政治教育的理论概述

（一）企业思想政治教育的内涵

"思想政治教育泛指人类所有阶级社会共有的培养人的思想品德的活动，特指无产阶级培养人的思想品德的活动。"思想政治教育是指社会群体运用一定的思想观念、道德规范以及政治观点对其成员施加有计划、有目的的教育。企业思想政治教育一般是指党的基层组织在企业中开展的理论学习和思想引导工作，是推进企业全面完成各项工作和任务的关键环节，是企业增强向心力、凝聚力，提高员工素质，实现企业长期健康发展的重要保证。

（二）企业思想政治教育的内容

思想政治教育是一个系统的工程，蕴含了丰富的理论和实践内容。在我国现阶段，思想政治教育内容包括马克思主义、中国特色社会主义共同理想、社会主义荣辱观、以爱国主义为核心的民族精神和以改革创新为核心的时代精神。当前我国企业思想政治工作教育的内容，可以概括为以下几方面。

1. 理想信念教育

对企业员工进行理想信念教育，是实现中国梦的必然要求。中国梦凝聚着中国人的梦想，是理想信念教育不能缺少的重要部分。企业要通过开展主题教育活动的方式，激发员工奋斗的激情，让员工自觉加入"实现伟大中国梦"的

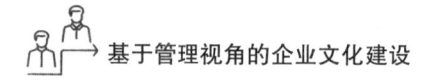

队伍中，把握正确的方向，促进企业健康发展，加快企业转型升级，让企业在激烈的竞争中稳步前进。

2. 爱国主义教育

企业思想政治教育的核心就是爱国主义教育，文化强国是中国未来的发展方向。随着时代的发展，企业面临着许多挑战。企业文化的建设是顺应时代发展要求的，从文化建设入手，提升企业核心竞争力，是应对竞争的有效手段。企业要在文化强国理念的指导下对员工开展爱国主义教育，增强企业内部的核心竞争力，使企业立于不败之地，同时为建设富强、民主、文明的国家做出贡献。

3. 人生观教育

人生的价值在于奉献，社会评价人生价值的标准是衡量人对社会的贡献。所以，企业对员工进行正确的人生观教育，可以引导员工认识到只有通过努力工作，满足企业和社会的需要，为企业和社会多做贡献，才能给予自身更大的满足，实现自我价值和社会价值的统一。只有当企业员工真正认识到人生的价值在于奉献时，才能真正把企业的工作当成自己的事业去奋斗，把企业的发展与自己的前途、命运联系在一起，与企业同呼吸共命运。

4. 职业道德教育

加强企业员工职业道德教育是社会主义精神文明建设的一个重要内容，也是保证企业健康发展的重要条件。在对企业员工进行教育时，企业要注意锻炼员工的职业道德意志，增强员工爱岗敬业、诚实守信、奉献社会、艰苦创业、开拓创新的意识。在教育时，企业只有把理论教育与实践工作结合起来，才能互相促进，使员工更好地为企业的发展做出贡献。

5. 法治观教育

党的十八届四中全会审议通过了《中共中央关于全面推进依法治国若干重大问题的决定》，提出建设社会主义法治国家的总目标。市场经济也是法治经济，每个市场主体都要严格遵守国家法律法规，合法生产、经营。因此，企业的思想政治教育要结合实际对员工进行相应的法治教育，引导员工积极学法、懂法，强化规则意识，倡导契约精神，引导员工养成自觉守法、遇事找法、解决问题靠法的法治观念。

二、企业文化建设与企业思想政治教育工作融合的意义

（一）为企业的发展提供优良的环境

企业文化的整个理论都是基于"以人为本"的，这一思想紧密联系党的宗旨、群众路线和民主原则。因此，企业在开展企业文化建设与企业思想政治教育时要尊重员工的需求和人格，真正做到想员工所想，关心爱护员工，为员工提供健康的发展环境。企业文化与企业思想政治教育有效地结合起来，有利于企业的领导者引领员工树立正确的世界观、人生观和价值观，使企业内部稳定团结，保证企业的长远健康发展。

（二）增强企业的综合竞争力

企业是国民经济的重要组成部分，企业软实力是企业凝聚力和影响力的集中体现。随着知识经济时代的到来，竞争和发展已经成为市场的主旋律，当今企业的核心竞争力表现为持续创新的能力。企业员工是企业的主体，因此引导员工变被动为主动，树立主人翁意识，提高企业的自主创新能力是企业文化建设与企业思想政治教育的目标之一。企业只有注重培育和增强软实力，把软实力转化为企业的综合实力，才能提高企业的综合竞争力，在市场竞争中立于不败之地。企业软实力主要体现在企业员工的行为上，因此我们想培育企业软实力，就必须引导员工在思想和行动上做出正确的选择。只有提高员工的综合素质，企业软实力才能得到增强。两者的有效融合有利于调动员工的积极性和创造力，转变员工的认知，使员工把自身利益与企业利益相结合，为提高企业的持续创新能力打下基础。

增强企业综合竞争力主要包括以下几方面：首先，增强企业的软实力。企业领导者的模范带头作用是非常重要的。企业领导者必须认识到企业软实力的重要意义，才能带领员工取得更好的成果。其次，全员参与最重要。企业员工是最了解企业实际情况的人，所以，企业文化建设和企业思想政治教育工作都离不开全体员工的主动参与和奉献。总之，全体员工只有树立主人翁意识，把自己当成企业的主人，才能全心全意为企业服务。最后，企业软实力的培育与建设是需要坚持的。企业文化建设和企业思想政治教育需要有计划、有目的地持续进行，如果"三天打鱼两天晒网"，不仅会事倍功半，还会影响员工的积极性，使原有的效果大打折扣。

（三）促进企业的可持续发展

企业文化建设与企业思想政治教育工作之间的关系是相辅相成的。企业文化建设为企业的思想政治教育工作拓展了新的思路和方法，提供了良好的环境和条件，使企业思想政治教育工作得以有效实施。

企业文化建设与企业思想政治教育工作是不可相互替代的。企业文化建设是当今社会最新的管理方法和理论，是企业发展的重要保障。企业思想政治教育工作对我国的经济建设起着重要的推动作用。企业思想政治教育工作和企业文化建设都在企业管理中发挥着重要作用。企业思想政治教育工作为企业的管理和发展指明了正确的政治方向，提供了坚强的思想保障，确立了正确的价值取向，更为企业文化建设奠定了基础。企业文化建设与企业思想政治教育工作涉及企业的生产、经营、管理、环境等方面。因此，企业进行企业文化建设与企业思想政治教育工作，既要继承学习，又要注意创新，积极适应企业及市场发展的需要，促进企业的可持续发展。

促进企业可持续发展的措施主要包括：首先，对员工进行企业精神培育。企业精神是企业员工经过长期实践培育而总结出来的行为规范、奋斗目标等。企业员工在长期的生产实践过程中，逐步形成了与企业发展相一致的个人工作精神，并在实践过程中逐步总结出更为系统有效的行为准则和奋斗目标。这些工作信念的形成在很大程度上增强了企业的凝聚力，能够对企业价值观的形成产生正面影响。其次，构建企业的价值观。社会主义市场经济的发展需要企业给予一定的支持。企业的成长也与员工个人价值观的实现有着密切联系。培养员工职业道德观念、实现企业员工个人价值与企业整体利益相统一的目标，是企业文化建设和企业思想政治教育工作的根本目的。企业必须要全心全意为员工服务，对员工的工作、生活给予足够的关注。只有这样员工才能为企业发展奉献自己的力量，才能增强员工的主人翁意识。再次，强化企业的制度。企业不仅要依法制定各种符合自身实际情况的规章制度，还要教育员工遵纪守法，使员工自觉遵守企业制度。最后，提高创新能力。创新能力在很大程度上直接决定着企业未来的发展水平。创新是企业在市场竞争中占得先机的关键因素。创新不只是技术创新，还有管理创新、产品创新等，企业文化建设的主要内容之一就是创新发展理念，通过企业思想政治教育工作的全面开展，完善企业创新发展理念，为实现企业经济利益拓展新途径，为企业发展提供强大动力。

企业文化建设和企业思想政治教育的培养，增强了企业的凝聚力，完善了企业管理制度，激发了员工的自主创新能力，从而提升了企业的核心竞争力，提高了企业长期经营的绩效，推动了企业可持续发展，为国家富强奠定了坚实的物质基础。

三、企业文化建设与企业思想政治教育融合存在的问题

（一）与整体发展规划相脱离

企业文化建设作为企业管理的一部分，其本身与企业整体发展规划存在密切的关系。而从企业思想政治教育的视角来看，企业必须通过全面的文化建设来转变公司全体员工的思想观念，提高企业内部的凝聚力与工作积极性，从而实现企业的发展目标。但在现阶段，一些企业的企业文化建设仍然处于孤立状态，没有对企业的整体发展战略进行充分考虑，自然也就无法与企业经营工作相契合，没有将企业文化建设融入企业管理各个环节之中，使企业文化建设严重缺乏实效性。

（二）忽视员工主体价值

在企业文化建设中，企业基层员工不仅是企业文化理念的接受者与践行者，也是企业文化建设的参与者。这也就意味着员工必须要参与企业文化建设的实际工作。企业通过企业思想政治教育让员工实现自我价值。然而在实际中，一些企业的经营者并未真正认识到这一点，在企业文化建设过程中仍然将基层员工看作工作对象，希望员工接受企业文化中的思想观念，并认同企业思想政治教育的内容。这使员工无法真正参与企业文化建设工作并发挥主导作用。在这种情况下，企业文化不但很难开展下去，而且得不到员工真正的认同。

（三）实践活动过于形式化

企业文化的内容虽然是理论性的，但企业文化建设却需要通过各类实践活动来实现，因此，实践活动不仅是企业文化建设的一种形式，还是企业文化建设的重要内容，往往被作为企业思想政治教育理念的载体。从当前实际情况来看，部分企业的企业文化建设虽然有实践环节，但仍处于贴标语、喊口号、办报纸阶段，并未对企业思想政治教育理念进行真正落实，形式化现象较为严重。少数负责企业文化建设的管理者与工作人员在工作中抱着应付了事的态度。这样的企业文化建设无疑是自欺欺人的，更难以发挥真正的作用。

(四)企业文化建设内容缺乏创新

企业文化建设与时代发展密切相关,而在不断变化的现代社会中,企业文化建设的内容也需要随之进行调整。但一些企业的文化建设工作的内容却并未增加新时代的网络文化、市场经济文化等内容,严重脱离了时代发展的轨道。这样的企业文化建设内容显然无法在企业中确立正确的价值观念与精神理念。同时当前我国有一部分企业为个人出资,因此在传统观念的影响下,企业也就逐渐形成了严重的家族文化与家族式管理模式。这对于企业文化建设是非常不利的。

第二节 企业文化建设与企业思想政治教育工作融合的策略

一、企业文化建设与企业思想政治教育的共同性

(一)基本目标一致

企业文化建设主要研究人的管理方式,企业思想政治教育则主要研究员工的思想觉悟,二者的基本目标一致,对于员工树立正确的世界观、人生观、价值观有重要作用,都注重社会效益与企业效益的统一,最终形成企业的价值目标。首先,在价值目标上,二者都强调企业与员工价值观的统一,所以就有了共同的道德准则和价值取向。其次,在服务目标上,二者都是以经济建设为中心的。社会主义市场经济的发展以及其在各个领域的不断深入,更加需要二者结合,并始终贯穿于企业改革开放的全过程,进一步增强员工的服务本领,强化员工的服务意识,从而达到提高企业效益的目的。因此,企业思想政治教育与企业文化建设都是通过调动员工的积极性、激发人的力量来促进企业的长远健康发展。

(二)工作对象一致

无论是企业思想政治教育还是企业文化建设,二者都是以企业员工为工作对象,中心都是以人为本。在企业文化建设中,企业想调动员工的积极性、增强企业的凝聚力,就必须强化员工的主体意识。企业不仅要注重员工在物质方面的需求,更要注重员工文化和心理等方面的需求。企业思想政治教育坚持走群众路线,始终认为人民群众是历史的创造者。这就说明全面提高员工的素质

是十分重要的，需要运用一定的道德规范和思想观念来塑造员工正确的世界观、人生观、价值观。

（三）思想路径一致

企业文化建设和企业思想政治教育都是围绕调动员工积极性、激励员工奋发图强来进行的，能够引导企业树立正确的价值取向，弘扬企业道德，创建和谐的发展环境。两者都是在思想意识层面进行的，有利于员工形成共同的认知，从而提高企业的核心竞争力，共同促进企业的可持续发展。

（四）工作内容一致

企业思想政治教育和企业文化建设的内容都必须以企业员工的思想意识为中心，对员工进行熏陶、灌输、教育，对员工进行相关的精神教育。具体地说，企业文化建设主要运用精神方面的文化，包括企业精神、价值观念、企业形象、企业道德等来塑造员工的思想道德，最终使他们的思想和行为更加规范。企业思想政治教育也是通过党的政策、方针对员工进行相关的、有效的道德教育，引导员工及时树立正确的世界观、人生观、价值观。两者都属于软教育，并且在工作内容上是相互融合的。

（五）工作方式一致

企业文化建设和企业思想政治教育都是根据人的思想认识以及行为规律，运用情感激励、典型示范、精神感染等方式，使员工在改造客观世界的同时改造主观世界。两者都是通过实践活动对员工进行教育，比如，开展文体活动，让员工与领导者都参与进去，公平竞争；定期对员工进行企业文化与业务技能的培训，提高他们的整体素质。企业不仅要请老师讲课，还要让员工有自己的讲台，请优秀员工讲课，树立榜样的作用，挖掘员工的最大潜能。企业可以设立内部期刊，以讲故事的方式让所有员工参与进来，不分职位，不分级别，增强员工的凝聚力，让他们具有主人翁意识。

二、企业文化建设与企业思想政治教育的差异性

（一）理论范畴不同

企业文化建设与企业思想政治教育分别属于不同的理论范畴，具有不同的性质。企业文化建设从属于经济文化范畴，其基础是现代管理学，涵盖了社会学、公共关系学、心理学等学科的相关知识。虽然企业文化建设涉及一些政治、

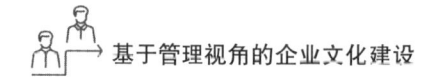

文化方面的内容，但是其政治色彩比较淡薄。企业思想政治教育从属于政治文化的范畴，虽然也涉及心理学、管理学方面的知识，但是主要是运用我党的方针政策对员工进行教育，从而在一定程度上指导员工树立正确的世界观、人生观、价值观，进一步实现人生价值。

（二）基本特征不同

企业文化建设强调的是企业的个体利益、精神文化内涵以及当前的方针政策，注重考虑的是效率、成本、营利等因素，以经济性和个体性为主要特征。而企业思想政治教育强调的是企业的长远发展、社会职责以及社会效益，以政治性和社会性为主要特征。企业文化建设是在企业文化得到企业员工认同的前提下，把被动变为主动，从而促进员工自我约束能力的提升，以形成共同的社会价值观念，最终实现企业快速发展。企业思想政治教育则是通过宣传、谈话、教育的方式把党的政策、方针灌输给员工，从而对其进行全面、系统的思想教育，确保员工在实践过程中逐渐提高自己的政治觉悟和思想认识，形成正确的思维方式。

（三）直接任务不同

企业文化建设的直接任务以熏陶、培训为主要方式，引导员工认同企业的共同行为准则、价值观念，提升员工的凝聚力和向心力，从而提高企业的生存能力。企业思想政治教育则是在企业内贯彻党的政策方针，使员工的整体素质得到提升，形成一个企业内部稳定的政治环境，从而为整个国民经济的健康发展做出贡献。

（四）实施手段不同

企业文化建设主要采用文化手段，形成以企业价值观为中心的良好文化气氛，对员工的行为、思想进行影响，并且塑造良好的企业形象。企业思想政治教育则主要运用各种宣传手段和传播工具，对党的理论进行宣传、指导、激励、教育员工，以员工的思想问题为主要研究对象，营造健康、活泼、向上的氛围。

（五）目的要求不同

提高企业的效益才是企业文化建设的根本目的。企业思想政治教育不仅包含经济目的，同时还包含更重要的政治目的。它要求全体员工的思想高度统一，为经济的稳定、快速发展提供主要支撑。

三、找准企业文化建设与企业思想政治教育的契合点和切入口

（一）契合点

1. 指导思想上

企业文化建设和企业思想政治教育工作需要在社会主义核心价值观的指导下开展，以为中国特色社会主义服务为目标。没有正确的思想作为指引，开展任何形式的教育活动都很难有太好的效果。企业文化建设和企业思想政治教育工作很重要，作为企业领导层应该结合企业自身经营实际情况，认真贯彻落实党和国家的相关法律法规，尽可能培养员工的集体荣誉感。企业思想政治教育工作的重要性不言而喻，对员工价值观的指导是关键。只有企业帮助员工把握方向，指导他们的具体工作，才能使企业获得更有效、更健康的发展方式。

2. 工作内容上

企业文化建设和企业思想政治教育的指导思想是工作的关键，具体实施措施是基础。在具体实施过程中，员工在企业指导思想的帮助下树立正确的世界观、人生观、价值观，确保企业相关政策方针落到实处，保证员工与企业整体利益相一致，努力为企业创造更大的发展空间。企业文化建设和企业思想政治教育的开展需要围绕企业发展目标，营造积极向上的工作氛围，充分发挥每一位员工的主观能动性，为企业最终发展目标的实现提供力所能及的帮助。企业思想政治教育和企业文化建设以企业发展目标为基础，以国家政策方针为根本，提高员工的个人专业技能和综合素质，最终实现企业整体利益和个人价值的双赢。

3. 工作目的上

企业文化建设的目的是以各种方式实现企业内部员工之间的良好沟通，使员工在共同价值观的指引下，产生对企业准则、目标、观念的认同感。企业文化建设通过增强企业员工的业务水平和道德素养来促进企业效益的增长。企业思想政治教育必须坚持马克思主义在意识形态中的统领地位，通过解决员工思想方面的问题，让员工具有一定的政治高度，做好每一项工作。因此，我们可以看出二者在很多方面具有一致性，并且是相互促进、相互渗透的。我们可以从这些契合点着手，促进二者更好融合。

（二）切入口

1. 物质文化层面

企业物质文化层面包含的内容较多，归纳起来就是企业创造的物质和各种生产经营设备。这方面所研究的对象都是物质形态上的，属于企业文化的表层内容。"企业物质文化的首要内容是企业生产的产品以及提供的服务，其次是企业建筑、企业广告、企业的生产环境、产品的包装盒设计等。这些都是企业物质文化方面的主要内容。"因此，企业物质文化建设直接影响企业文化建设的水平，是企业文化建设最直接的外在表现形式。当前一些企业在物质文化建设方面采用的做法是通过塑造品牌来提高企业思想政治教育工作水平。众所周知，企业品牌的力量非常巨大，代表着一个企业的服务质量和服务品质，在给企业带来巨大经营利润的同时，也在消费者心里树立起良好的企业形象。企业通过塑造产品的品牌，鼓励广大员工充分发挥自己的聪明智慧，提高企业竞争力和企业实力，培养员工的主人翁精神，同时也使品牌成为企业的标志。在塑造服务品牌的过程中，企业内部创造一种和谐向上的氛围，使广大员工更加注意自己的日常言行，使员工行为更加符合消费者的心理，想客户之所想，为客户提供满意的服务，使消费者的情感和品牌文化相结合。因此，企业可以从企业物质文化层面有效切入来实现企业发展。

2. 精神文化层面

企业精神文化是企业生产经营活动开展的指导性因素，决定着企业员工意识、价值、行为规范的塑造成功与否。从某种意义上来说，企业精神文化层面是企业文化的核心内容。总的来说，企业精神文化主要包括企业道德、企业风貌等方面。当前一些企业重视企业思想政治教育，想要通过企业思想政治教育工作的开展来实现企业价值观的不断完善，实现企业员工的共同理念。现阶段世界经济大环境给企业带来巨大发展机遇的同时，也对企业未来的发展提出了更高的要求。不管是企业员工还是企业管理层，都需要在日常行为规范中重视思想层面的建设，充分发挥企业思想政治教育的作用。企业要了解员工的真实诉求，发扬民主，倾听他们对于企业未来发展的看法，找出企业发展过程中存在的问题。这种倾听一方面能够为企业发展建言献策，另一方面也能够拉近企业管理层与员工之间的关系，增加彼此之间的信任感。企业的发展离不开员工，员工个人价值的实现也离不开企业的支持，两者必须相互促进、相互协调。精神就是一个人的灵魂，只有企业重视精神文化建设，才能使员工重视，只有员工重视，企业才能获得更多的发展动力。因此，我们有必要从精神文化层面进行全面深入的研究。

四、企业文化建设与企业思想政治教育融合的可能性和必要性

（一）企业文化建设与企业思想政治教育融合的可能性

在现代企业建设中，企业文化建设注重培养、塑造企业员工的价值观，是企业的灵魂。企业思想政治教育注重培育员工的专业素质和道德文化，是企业的生命线。对于企业建设来说，一个健康、快速发展的企业，企业文化和企业思想政治教育都是必不可少的组成部分，企业文化是企业建设的精神基础，企业思想政治教育由经济基础决定又为其服务。我国是党领导下的社会主义国家，企业要想实现发展，就必须坚持党的基本路线、方针、政策，坚持社会主义方向。企业将企业文化和企业思想政治教育融合起来，有利于党的路线、方针、政策在企业中得到贯彻执行。总之，企业思想政治教育的优势和资源可以帮助企业文化建设。同时，企业将不断创新的企业文化作为企业思想政治教育的新载体，使企业思想政治教育取得更大的成果，二者自然融合，相互影响。

1. 二者的共性是融合的基础

（1）二者有共同的指导思想。企业文化反映了本企业的价值观念、道德风尚、管理制度，是企业精神财富的总和，强调企业个性；企业思想政治教育更强调企业内部实现党的政治领导，贯彻党的路线、方针、政策，形成学习的共性。两者的发展都以马克思列宁主义、毛泽东思想、邓小平理论、"三个代表"重要思想和科学发展观等为指导，为建设社会主义现代化企业提供思想保障。

（2）二者有共同的工作任务。企业文化是企业在长期生产经营过程中形成的共同价值观念和团队意识。企业加强员工思想政治教育需要对员工进行政治、纪律、民主、法治和道德教育，提高企业员工的思想政治素养，引导企业员工树立正确的世界观、人生观、价值观，实现认识与实践、改造主观世界和客观世界的统一。两者均影响着企业活动。

（3）二者有共同的研究对象。"人"是企业生产经营活动的实践主体，企业文化作为企业员工共同认同的价值观念，其目的是改变"人"这一企业中的有机主体的价值观，充分调动员工的工作积极性，共同实现企业精神、企业形象的改变和提升。企业思想政治教育的对象是人，是使人树立正确思想的一项教育实践活动。"人"在现代意义上的思想政治教育中处于中心地位。我们

科学开展教育活动，必须要认识人、了解人，把握人思想形成与发展的规律。二者的研究对象均为"人"这一主体，具有研究对象的一致性。

2. 二者的互补是融合的前提

（1）内容的互补性。企业文化是企业员工共同的价值认同和行为要求，强调的是企业整体的团结意识，力求形成整体的凝聚力。企业思想政治教育强调对个体采用不同的方法进行思想政治教育，着眼于员工个体的思想道德建设。在工作的内容上，二者具有互补性，能对人的精神世界进行全面的塑造。

（2）着力点的互补性。企业开展思想政治教育应着力夯实企业的政治基础，坚定企业的政治方向，用党的理论知识武装企业管理者和广大员工的头脑，为工作的开展提供思想保障。企业文化的着力点不仅包含培养企业成员的道德意识、价值取向等方面，还包含提高企业员工的业务知识水平、技术创新能力等方面。企业文化促使员工养成良好的行为习惯，同时致力于企业管理水平的提升和企业形象的建设，对企业思想政治教育的着力点进行强化和补充。

（3）作用范围的互补性。企业思想政治教育对企业管理者和企业员工的政治立场、思想观念、价值取向等方面进行教育引导，以党的思想政治理论规范员工的思想政治认识，并将其转化为员工的精神动力，为企业发展提供政治保障。企业文化用企业的共同价值观使企业各类成员的价值观相互融合，使个体价值观念同企业整体利益相一致，使个体更富有工作的积极性和创造力，同时通过调动员工积极性和创造力促进企业生产经营效率的提升和技术的革新，增强企业的发展能力。企业思想政治教育和企业文化的作用范围相互补充，在提高企业员工整体素质的同时，将员工这一主体的精神动力转化为企业的实际效益。

正是由于企业文化从"人"这一企业主体的思想领域出发，调动企业员工的主观能动性，为企业的发展提供精神动力，所以企业文化成为企业开展思想政治教育最为有利的载体。与此同时，企业思想政治教育由于其政治导向作用，可以使社会主义核心价值观念在企业中得到落实，保障企业文化建设坚守社会主义方向，使企业文化在党的思想指导下健康科学地发展。因此，企业文化和企业思想政治教育存在共性的基础和互补的前提。这为二者的有机融合提供了条件。

（二）企业文化建设与企业思想政治教育融合的必要性

在构建社会主义和谐社会的大背景下，企业文化建设丰富了企业思想政治教育的内容，拓展了企业思想政治教育的作用范围，为企业思想政治教育的深化和创新起到了载体和平台的作用。而企业思想政治教育则把握了企业文化建设的社会主义发展方向，培育了具有社会主义核心价值观的企业精神，是企业文化建设的政治核心。二者的融合对创新企业思想政治教育，推进新形势下的企业文化建设，推动企业实现持续、稳定、健康、和谐的发展有重要作用。

1. 二者融合是创新思想政治教育的必然选择

（1）企业文化建设是企业思想政治教育的有效载体。企业文化建设是实现企业思想政治教育与企业生产经营目标相关联的有效桥梁。企业思想政治教育发挥其功能，提高企业各级人员的思想政治道德素养，形成促进企业发展的精神动力。企业文化与之相融合，不仅丰富和拓展了企业思想政治教育的内容，还使企业思想政治教育渗透到企业管理的各个方面，在团结和凝聚企业员工向心力、提高企业员工的创造性和积极性的过程中更好地发挥实效，从而促进企业生产经营目标的实现。通过与企业文化的融合，企业思想政治教育对企业生产经营目标的实际推动作用可以得到发挥。

企业文化建设是企业思想政治教育工作内容实效化的有效平台。在企业中，传统的企业思想政治教育手段比较单一，内容比较生涩枯燥，只是较为生硬地以外部灌输的方式教育企业员工，摆出大道理让企业员工简单地记忆、接受，效果很不明显，不仅不利于对员工进行思想教育，更不利于调动员工的主观能动性。企业文化建设作为一种企业管理理论，渗透于企业管理活动的方方面面。它的活动形式多样，注重通过交流沟通使员工与企业共有价值观产生共鸣。它有利于企业的管理理念、经营哲学、价值取向、服务理念等为员工所接受和认同。企业将企业思想政治教育同企业文化建设相融合，可以活化教育活动形式，将思想政治主题教育融入培训、座谈、竞赛等文化活动中，通过这些生动、具体的活动，使员工接受教育。这不仅克服了企业思想政治教育游离于企业管理之外、缺少依附的问题，彻底杜绝长期困扰企业的"两张皮"现象，还可以提高企业思想政治教育的实际效果，在潜移默化中对员工的人生观、价值观、敬业精神进行培养。

（2）企业文化建设为企业思想政治教育创新开辟了新道路。企业思想政治教育与企业文化建设相融合有利于创建企业思想政治教育工作的新体制。企业文化建设有利于企业形成齐抓共管的统一管理局面。不同于企业思想政治教育多数由企业党组织开展，企业文化建设一般由企业主要负责人牵头，由企业的各个部门领导参与，对企业文化的总体目标进行设计，再由特定的企业宣传部门具体组织实施。这在领导体制上形成上下一体、齐抓共管的局面，执行力得到有力保障。企业思想政治教育与企业文化建设实现融合，可以创新企业思想政治教育的领导工作体制，保障企业思想政治教育工作的有力开展。

企业思想政治教育与企业文化相融合有利于提升企业思想政治教育的工作职能。企业传统的思想政治教育侧重于对企业员工政治思想的培养、教育和指导，工作范围和内容政治色彩明显。企业文化理论是企业管理理论的一个重要方面，企业文化的建设贯穿于企业管理的各个方面。企业思想政治教育通过与企业文化建设的融合，可以扩展到企业经营管理的各个环节，提升工作效能，强化与企业直接经济目标的关联，从企业自身实际需要出发促使企业思想政治教育的经济价值显性化，推动企业经营目标的实现和企业的发展。

2. 二者融合是推进企业文化建设的必然要求

（1）企业思想政治教育为企业文化建设提供强有力的动力支持。员工是企业各项经济活动的主体。企业所有的生产经营活动都是由员工的体力劳动和脑力劳动协作完成的。从这个意义上讲，企业各项经济活动能否正常运转取决于企业员工的思想状况。企业思想政治教育就是为了统一全体员工的思想，调动员工的工作热情，强化团队意识、塑造企业形象、为企业文化建设提供永续动力。企业在管理中对员工进行直接批评会挫伤员工的自尊心，而企业思想政治教育则因人施教，以理服人，促进员工对生死、苦乐、公私、幸福、荣辱等观念的自我反思和正确认识，培育员工的企业认同感、使命感、责任感，以此来调动广大员工的积极性、主动性和创造性，为形成科学、先进的企业文化提供动力支持。

（2）企业思想政治教育为企业文化建设提供了科学依据。企业思想政治教育保证了经济工作和其他一切工作的社会主义性质和方向的正确。无论哪一个行业都离不开党的思想政治教育。企业文化建设必须坚定不移地以马克思主义、毛泽东思想、邓小平理论和"三个代表"重要思想及科学发展观重要思想为指导，以唯物辩证法为企业文化建设的理论方法，把党的思想政治教育工作的任务、方法、原则等贯穿于企业文化建设的各个层次和环节。企业文化建设要以思想企业政治教育为政治保障，在企业文化的内容中融入特色社会主义理论的伟大成果，保证企业文化的社会主义特性，更有效地针对我国企业的特点，建设符合我国企业特色的企业文化。同时，企业要采用思想政治教育与企业文化建设日常工作相结合的方式，运用中国特色社会主义理论体系来培养企业员工的爱国主义、集体主义精神，倡导企业员工对企业共同价值观和企业精神深入学习，明确自己是企业的主人，个人利益服从企业的共同利益，把个人的价值目标同企业的总体目标相结合，树立与企业共同进退的责任感，推动企业的快速发展。

（3）企业思想政治教育为企业文化建设开辟了光明的道路。企业只有结合自身实践需求，坚持实践观点、群众观点、矛盾观点，实现尊重人、理解人、关心人的企业精神，真正发挥企业思想政治教育的积极功效，用马列主义的立场、观点、世界观和方法论观察问题、解决问题，才能在面对多元化价值观念、跨国文化的冲击的同时，坚定信念，从容应对。企业加强思想政治教育，能将我国与资本主义国家的价值观、人生观及生活理念从根本上进行鉴别，在充分发挥社会主义制度优势的基础上，提出不同于资本主义国家的企业文化建设路径，使企业文化发展到一个新的高度，从而保证企业文化能充分强化企业思想政治教育的，始终在科学的世界观和方法论的指引下，朝着中国特色社会主义先进文化建设的方向前进。

3. 二者融合是推动现代企业发展的必然趋势

（1）二者的融合能为企业的发展提供优良的环境。任何事物的健康发展都离不开优良的环境，企业的发展也不例外。企业文化建设的一整套理论都是基于"以人为本"这一基本思想提出的。这点不仅与马克思所揭示的构成生产力的"三大要素"的学说、生产力是人类历史发展的根本动力的观点和人民创造历史的唯物史观大致相合，还吸收了我国传统文化中的"民本管理"思想和儒家伦理文化精华。同时，这一思想还与我们党的宗旨、群众路线、民主原则相联系。因此，企业在开展思想政治教育时要尊重员工的人格，尊重员工的文化心理，真正做到关心人、爱护人、理解人，为企业文化建设提供健康的、积极向上的氛围。因此，企业文化建设与企业思想政治教育结合，有助于引领企业员工自觉抵制西方腐朽思想文化的侵蚀，使企业内部安定、环境良好，从而保证企业的健康发展。

（2）二者的融合有利于增强企业的核心竞争力。当今时代，竞争与发展是经济市场的主题。随着知识经济时代的到来，科学技术的进步一日千里，企业之间的竞争已从传统的资源、人才、设备的竞争向自主技术原创力、企业管理创新力、对市场的预见力等企业综合能力的竞争转化，因此，当今企业的核心竞争力集中表现为持续创新的能力。企业员工成为企业创新的主体。调动员工的积极性和创造力、引导员工以主人翁的态度致力于提高企业的自主创新能力是企业文化建设和企业思想政治教育追求的共同目标之一。企业文化建设与企业思想政治教育的融合有利于企业以思想引导员工，增强员工对企业目标形成认同，转变自我认知，将自我利益同企业的整体利益相结合，有利于最大限度调动员工的工作热情和创新能力，为不断提高企业的持续创新力奠定坚实的基础。两者相辅相成，互为条件，有利于增强企业的核心竞争力。

（3）二者的融合能帮助企业实现经济效益和社会效益的统一。当前，人们面临的是一个经济全球化、经济成分和经济利益多样化、社会生活方式多样化的时代，西方国家的各种思想也通过经济、文化等领域影响着国人。实现企业文化建设和企业思想政治教育的有机融合，可以帮助企业家把个人、企业的经济利益和社会责任、社会主义的道德文化有机联系起来，在培育企业价值观、企业理念、企业精神、企业作风的过程中，把党的指导思想、党的路线、党的政策方针、中国先进的传统文化、企业的生产经营要求等融合进去，在实现自身经济利益增长的同时回馈社会，实现社会效益的同步增长，实现企业的和谐发展。

五、企业文化建设与企业思想政治教育融合的策略

企业文化建设与企业思想政治教育的融合对于提高企业软实力，提高企业核心竞争力，促进企业健康发展有着重大的意义。我们应该将企业思想政治教育渗透到企业文化建设中去，使两者有机融合在一起，为企业的战略化发展提供思想支持和文化动力。

（一）企业文化建设与企业思想政治教育在原则上融合

1. 二者在坚持与时俱进原则上融合

企业要发展，思想要先行。企业文化是在现代化大生产与市场经济发展基础上逐步产生的一种新型管理理论和管理思想，也是企业全体员工在创业和发展过程中形成并共同遵守的最高目标、价值标准、基本信念和行为规范的总和。随着经济市场的发展变化，企业的经营生产模式从单一的作坊式、工厂式生产向包括知识技术研发、产品制造、市场营销、售后服务等多维度、深链条的现代生产模式转化。在这样的情况下，企业文化和企业管理理念也应加快改革创新，从而适应发展需要，对企业发展起到正确的指导作用。企业思想政治教育是一项不以人的意志为转移的实践活动，为企业文化建设提供了方向保障。在现代企业中，企业思想政治教育要从我国的基本国情和我国企业的现实发展需求出发，以科学发展观为指导，不断适应和解决企业中的各种思想问题，培育员工艰苦奋斗、开拓进取的精神动力，为企业文化建设提供保障和动力支持。

不论是企业文化建设，还是企业思想政治教育，都要坚持与时俱进的原则，践行社会主义核心价值体系，同社会主义先进文化的前进方向保持高度一致。

2. 二者在坚持以人为本原则上融合

"以人为本"是以广大的人民群众为本，这里的人，不是抽象的人，也不是某个人、某些人，而是一切为了人民群众、一切依靠人民群众的意愿。社会主义民主是人民民主专政的政治制度，是人民当家作主，真正享有各项公民权利，享有管理国家和企事业单位的权利的制度。坚持"以人为本"就是要从人民的根本利益出发，实现人民群众日益增长的物质文化需要同社会发展需要相结合的目标。只有保证各项事业的发展方向正确，才能调动人民群众的积极性和创造性，使社会发展获得取之不尽的动力。

人是企业管理活动的主体，所以企业文化建设和企业思想政治教育的对象都是企业员工，上至领导，下到企业基层员工。企业为了实现经济利益最大化，把最大限度地调动员工积极性和主动性作为自己的重要任务，重视培育人的集体意识和提高人的思想道德素质，促进个人价值的实现，使员工利益和企业利益相统一。因此，无论是企业文化建设还是企业思想政治教育，都要从培育人的思想品德出发，在企业文化中体现个人价值，在个人价值中凝聚企业文化。只有把提升企业员工的整体素质，特别是思想道德素质和科学文化素质放到重要位置，形成人人都是企业文化建设者和企业思想政治教育工作者的生动局面，才能使企业内部形成思想文化大发展的格局；只有牢固树立"以人为本"的指导思想，充分发挥员工的主人翁作用，进一步激励员工以企业为家，形成企业兴我光荣、企业衰我耻辱的价值观念，才能使企业更好地发展。

3. 二者在坚持创新原则上融合

创新是人类特有的认识能力和实践能力，是人类主观能动性的高级表现形式，是推动民族进步和社会发展的不竭动力。企业文化建设和企业思想政治教育不仅要在内容上有创新性，在发展方向上也要采用创新性思维，多角度、多渠道、多内容的实现企业文化建设和企业思想政治教育的融合。

在当前时代下，企业建设中出现各种新问题，企业文化也受到利益冲击。企业要发展必须坚持创新原则，将企业文化建设和企业思想政治教育相融合，总结二者在融合过程中的有益经验，以研究员工实际思想为出发点，完善教育机制，不断拓展教育范围，创新企业文化建设和企业思想政治教育结合的新方法、新手段，以广大员工喜闻乐见、易于接受的方式，增强教育的实效性。只有这样，企业才能与时俱进，始终充满生机和活力。

（二）企业文化建设与企业思想政治教育在结构层次上融合

企业文化建设与企业思想政治教育的一致性是二者融合的基础。我们在理论研究的基础上，要深入剖析二者融合的契合点和切入口，使企业文化建设的各结构层次同企业思想政治教育深度融合，提高二者融合的可操作性。

1. 二者在物质文化上融合

物质文化是企业文化的表层文化，以企业形象、企业产品包装、企业服务等形式展现出来。企业要实现科学发展就要遵循市场经济运行规律，合理推广产品创新理念，强化企业服务意识，逐渐形成企业文化的个性特征。企业思想政治教育可以以此为基础，鼓励企业提高优化产品、调整生产结构的能力，拓宽产业领域，增加产品附加值，创新产品营销手段，提高消费者对企业品牌和企业产品的认可度、信赖度。这样既丰富了企业思想政治教育的内容，又提升了企业文化的知名度和竞争力。

2. 二者在行为文化上融合

企业的行为文化是企业员工在处理企业、政府、国家之间利益关系过程中所产生的有力举措。在生产工作实践中，企业行为文化对企业整体和员工的价值取向、行为规范起指引作用，其主体是企业，但实际是通过每个员工的素质和思想观念表现出来。企业思想政治教育要从这个切入口与企业文化建设实现融合，就必须运用有效手段，因势利导，强化员工顾全大局的意识，将企业价值观和企业精神通过每个员工的思想观念、行为举止表现出来。企业既要为内部组织的密切配合做好服务，更要为优化外部环境、满足顾客需求等做好服务，提升企业文化建设的导向作用。

3. 二者在制度文化上融合

制度文化是企业文化的硬约束、软实力，是企业从提供产品和服务的实践中提炼出来的相对固定的规则的总和，对企业每位员工的思想和行为都具有约束和规范作用。

思想政治教育是我们党的优良传统和政治优势，是积极的、先进的实践活动，企业思想政治教育可以从企业的经营机制出发，研究现行企业制度中存在的缺陷，从企业经济稳定、发展和社会和谐、健康的角度，对企业各项规章制度提出合理化建议，为制度的贯彻、落实创造更好的内部环境，从而使制度内涵被员工所认同并自觉遵守、维护，使制度凝结成一种文化，增强企业的凝聚力和向心力，推动企业朝着社会主义现代化建设方向前进。

4.二者在理念文化上融合

理念文化也就是精神文化，是企业价值观的核心，是企业的传统、历史、文化和企业领导人管理理念的集中体现，也是企业广大员工在长期生产经营中逐步形成的精神结晶和文化理念，包括企业精神、企业经营哲学、企业道德等内容，还包括用以指导企业开展生产经营活动的各种行为、群体意识和价值观念。企业思想政治教育要实现与企业文化建设的融合，就要把企业精神的塑造作为中心环节，从企业主流精神文化出发，以其他理念文化为辅助，提炼企业核心精神，拓展企业思想政治教育内容，保证企业核心理念深入人心，成为推动发展的源动力。

（三）企业文化建设与企业思想政治教育在功能上融合

1.二者在导向功能上融合

企业文化建设与企业思想政治教育导向功能的融合在于二者都把培养员工正确的价值观、道德观作为追求目标。企业通过理论研究、政治宣传、教育培训等形式，以企业先进的价值理念为基础，以正确的、先进的、科学的思想政治理论为指导，致力于培育员工正确的思想观念和价值取向，增强员工对企业价值观念的认同，实现个体价值观同企业价值观的统一。企业文化建设与企业思想政治教育成为推动企业发展的精神动力，并将这种精神动力转化为团结协作、拼搏奋进的工作精神，实现企业生产经营的目标。

2.二者在教育功能上融合

企业作为社会的一个"细胞"，与社会和谐发展有着千丝万缕的联系。企业的和谐在于人与人之间关系的和谐。企业要实现和谐发展，就要加强企业文化建设和企业思想政治教育，将所有员工的发展作为打造企业核心竞争力的基础。企业必须对员工加强思想政治教育和企业文化灌输，通过开展形式多样的思想政治教育和文化引导活动，分析企业当前的战略及任务，帮助员工认清企业发展的前进方向，充分调动员工的工作热情与敬业精神，为企业发展提供良好的精神氛围。

3.二者在协调功能上融合

矛盾是普遍存在的，随着改革开放的进一步深化和企业现代制度的逐步完善，企业出现了员工构成多元化、收入分配多元化、信息获取方式多元化、价值观念多元化等现象，由此产生的员工与员工之间的利益矛盾，企业与企业之间的利益矛盾，员工与企业之间的利益矛盾以及企业与国家之间的利益矛盾，协调他们之间的利益矛盾成为一项重要的经济、政治活动。培育优秀的企业文化，积极开展深入细致的思想教育活动有利于统一员工的思想意志，帮助员工分清主次矛盾，凝聚人心，激发员工的积极性、主动性和创造性，使企业在激烈的市场竞争中脱颖而出。

（四）企业文化建设与企业思想政治教育在建设领域上融合

1. 二者在生产经营工作上融合

企业生产领域为企业文化建设和企业思想政治教育融合提供了广泛的空间。在市场经济条件下，企业必须根据国内外市场的变化、国家对企业政策的宏观调整及企业自身的条件来确定企业的发展方向。企业文化建设要紧紧围绕制定的企业经营目标、生产经营管理、产品质量把关和销售服务，高效合理地促进企业经济效益和社会效益的提高。企业思想政治教育要紧紧围绕企业生产经营这一中心工作，充分发挥其思想政治引导优势，最大限度地将企业的精神力量转化为物质生产力。两者相互协调配合，帮助企业实现生产经营的不断发展。

2. 二者在培养员工目标上融合

企业文化建设作为一种现代企业管理方式，坚持"以人为本"的管理理念，对员工进行时事政治教育、职业操守培训，灌输企业文化理念、风险理念、用人理念，实现个人价值与企业价值的统一。企业思想政治教育则强调通过生动活泼的思想教育，促使员工自觉提高思想道德、文化科学和技术素质。二者的根本任务都是提高整个员工队伍的思想道德素质和科学文化素质。企业思想政治教育和企业文化建设在培养员工目标上相融合，有利于培育具有时代特征的企业价值观和具有文化内涵的企业精神，塑造团结和谐、积极向上的人际关系和健康文明的环境。

3. 二者在深化改革工作中融合

改革创新是企业发展的永恒主题，企业在改革创新过程中，需要精神动力、智力支持和思想保证。思想观念的更新和改变，是深化企业改革、转换企业经营机制、建立现代企业制度的关键。企业文化建设和企业思想政治教育在不断深化改革中实现有机融合，在发挥思想政治教育作用、保证企业思想政治方向正确的同时，发挥企业文化适应市场发展的先导作用，促进企业思想解放和观念更新。同时，二者融合也能促使管理结构合理化，实现企业管理的科学化，为调动员工积极性、增强企业活力开辟有效途径，在深化改革中发挥强大的推动作用。

4.二者在文明创建工作中融合

企业文化建设和企业思想政治教育都属于企业精神文明建设领域的重要内容，是企业建设的软实力。实现企业精神文明建设的蓬勃发展，要求企业必须面向市场，优化企业形象，强化企业的社会使命感，切实把精神文明建设作为关系企业生存、稳定、发展的一件大事来抓。企业文化建设作为企业思想政治教育的载体，可以通过丰富多彩、灵活多变的形式，把思想政治教育枯燥的理论知识、专业知识具体化、形象化、生动化，融入群众喜闻乐见、广泛参与的各种文化活动中，使员工在参与中受教育，在教育中得提高。而企业思想政治教育作为企业文化建设的政治保障和动力支持，可以强化员工对各种思想文化的鉴别能力，增强员工对优秀企业文化的认同感，使员工自觉树立正确的个人价值观，践行企业精神，从而促进企业精神文明建设水平的提高。

参考文献

［1］李少惠. 企业文化[M]. 上海：上海交通大学出版社，2011.

［2］李德亮. 企业文化建设简论[M]. 保定：河北大学出版社，2009.

［3］易晓芳，陈洪权. 企业文化管理[M]. 武汉：华中科技大学出版社，2016.

［4］胡春森，董倩文. 企业文化[M]. 武汉：华中科技大学出版社，2018.

［5］张振宗. 企业文化管理[M]. 北京：中国言实出版社，2014.

［6］周红波. 企业文化与管理[M]. 延吉：延边大学出版社，2017.

［7］李全海，张中正. 企业文化建设与管理研究[M]. 北京：中国商务出版社，2010.

［8］张莉. 国有企业思想政治工作与企业文化建设融合研究[M]. 成都：四川大学出版社，2016.

［9］赵秀忠，徐俊菊. 中国特色企业文化建设的规律探寻[J]. 河北省社会主义学院学报，2005（3）：20-24.

［10］魏雯. 浅谈企业文化的形成与发展[J]. 才智，2012（34）：163-164.

［11］梁焕. 企业文化在企业管理中的作用[J]. 财富时代，2020（4）：165.

［12］胡博文. 基于管理视角的企业文化影响因素调查分析[J]. 财会通讯，2013（10）：32-34.